# Preface

일상생활과 관련된 영어회화는 대체적으로 쉽다고 얘기하곤 한다. 왜냐하면 의사소통에 초점을 두는 측면도 있겠지만 특정한 상황에서 활용될 수 있는 기본 표현은 한정되어 있기 때문이다. 물론 영어적인 습관이나 사고방식이 내재된 표현은 어렵겠지만 일상적이면서도 기본적인 영어표현은 실제 생활 속에서 자주 사용하다보면 저절로 체득되기 마련이다.

이 책에는 일상생활에서 마주치는 표현들로 구성되어 있으므로 상황별로 외우고 익히다보면 영어회화도 그다지 어렵지 않음을 느낄 수 있을 것이다. 서툴더라도 우리말 대신 영어로 소통하려는 마음가짐과 의욕만 있으면 굳이 유학을 가거나 영어회화 학원을 다니지 않더라도 100일 정도의 노력을 기울인다면 기초적인 영어회화는 가능하게 될 것이다.

영어를 능숙하게 구사하는 사람들의 의견을 들어보면 한결 같음을 알 수 있다. 외국인 앞에서도 쫄지 않는 배짱과 용기, 그리고 영어회화에 대한 두려움에서 벗어날 수 있는 자신감이야말로 유창한 영어회화를 구사할 수 있는 비결이라고 한다.

첫째, 영어회화를 잘 하려면 배짱이 두둑해야 한다.

영어도 우리말과 같은 언어적인 수단이요, 의사소통의 도구에 불과하다. 따라서 외국인을 만나더라도 쫄지 않아야 하며, 혹시 틀리더라도 영어는 외국어이니까 당연하다는 인식을 가져야 한다. 그리고 영어회화는 영문법에 대한 두려움에서 벗어나야만 한다.

둘째, 영어회화를 잘 하려면 할 수 있다는 자신감을 가져야 한다.

이미 우리는 중고등학교 영어 시간을 통하여 기초적인 어휘와 영문법을 배웠으므로 기초실력은 충분하다. 다만, "과연, 내가 영어회화를 단기간에 해낼 수 있을까?"하는 의구심에서 벗어나는 것이 중요하다. 영어회화를 유창하게 구사하려면 우직하게 노력하는 길밖에 다른 왕도가 없다.

셋째, 영어회화를 잘 하려면 크게 따라하면서 익혀야 한다.

요즘은 외국인(네이티브)이 들려주는 mp3파일이 제공되므로 들으면서 큰 소리로 따라하다 보면 자기도 모르는 사이에 자신감이 충만해짐을 느낄 수 있을 것이다. 처음에는 다른 사람의 영어표현이 귀에 들리는 것이 중요하다고 하는데, 물론 배운 표현은 누군가에게 써먹어야만 실력으로 남게 된다.

넷째, 영어회화를 잘 하려면 영어공부를 매일매일 집중적으로 익혀야 한다.

서양인들이 어릴 적부터 영어 실력을 가지고 태어나는 것이 아닌 것처럼 우리도 하나씩 외우고 익히다보면 저절로 입에 달라붙게 될 것이다. 언어 관련 전문가들이 말하길 약 하루 30분씩 100일 동안만 집중하면 말문이 터지고 귀가 뚫린다고 한다.

다섯째, 영어회화를 잘 하려면 Native Speaker를 친구로 삼아라.

사실 영어회화는 궁하면 통하는 법이다. 가령, 영어회화가 절실한 사람에게 학습효과가 배가되는 것처럼 구체적인 목표를 설정해두는 것이 많은 도움이 된다고 한다. 해외여행이나 유학, 외국인 회사의 취업 등 영어회화가 간절한 환경일 때 비로소 어학 실력은 저절로 향상될 것이다.

요즘에는 우리가 영어 공부에 조금만 더 관심을 갖는다면 학습의 수단과 방편은 도처에 늘려 있다. 학원, 학교, 미드, 전화영어, 그리고 지구상의 어떤 누구와도 인터넷상의 SNS를 통하여 서로 소통을 할 수 있다. 영어적인 습관과 사고력은 단기간에 길러지기는 어렵겠지만 일정한 궤도에 진입하면 금방 일취월장한다고 한다. 매일매일 24시간의 일상생활을 영어로 체험할 수 있는 환경으로 바꿀 수 있다면 금상첨화가 될 것이다.

이 책은 『10년해도 안되는 일상 영어회화 100일만에 끝장내기』 위한 프로젝트로 기획되었으며, 어떤 책보다 쉽고 빠르게 단기간에 영어회화를 정복할 수 있도록 독자 여러분을 이끌어주게 될 것이다. 영어는 소통의 수단일 뿐이다! 영어 공부는 영어를 통한 지식을 쌓는데 목적이 있지만 우선 당장 우리에게는 의사소통이 궁극적인 목표가 되어야만 한다.

2016년 7월에 즈음하여

Gina Kim

이 책의 구성과 학습법

우리는 그 동안 비효율적인 영어 공부에 너무도 많은 시간을 허비하였을 뿐만 아니라 영어에 쏟은 열정이나 비용을 생각하면 너무 억울한 심정이 들 것이다. 우리 사회의 교육체제의 일관성 부재도 한몫을 하였겠지만 무엇보다 우리 자신들의 영어교육에 대한 잘못된 인식 탓이다.

독자 여러분들이 지금까지 영단어를 엄청날 정도로 많이 외우고, 영문법을 아무리 달달 외운들 영어 실력이 맘처럼 향상되었는지요? 비효율적인 접근법으로 인하여 허송세월을 보낸 시간이 아까울 것이다. 아무리 기초적인 영어표현이라 하더라도 서양인들의 발음에 대한 속도를 극복하지 못하거나 실생활 속에서 사용되는 쓰임새와 활용을 제대로 파악하지 못한다면 어려울 수밖에 없다.

♣ 본서의 구성

본서는 〈일상영어회화 첫걸음1 [상황편]〉과 〈일상영어회화 첫걸음2 [장면편]〉 2권으로 구분하였으며, 총 16개의 Chapter와 총 149개의 Unit으로 구성되어 있다. 실생활에서 바로바로 사용되는 기본표현을 중심으로 화자와 청자의 입장에서 동시에 활용할 수 있도록 배려하였다.

- **CONVERSATION** : 실전에 활용하는 다이얼로그
- **BASIC EXPRESSIONS** : 실생활에 사용하는 기본표현
- **CHECK-POINT** : 영어회화를 위한 영문법

♣ 본서의 활용 방법

우선 각 Unit마다 제공된 도입부의 학습 상황을 파악한 다음, 네이티브가 들려주는 mp3파일을 듣고 반복적으로 따라하다 보면 영어표현마다의 고유한 뉘앙스가 저절로 느껴지게 될 것이다. 느린 속도와 정상적인 속도에 적응하는 기간이 끝나게 되면 표현마다 지닌 의미적인 쓰임새와 뉘앙스에 주의력을 집중해야 한다. 어떤 경우에 사용되는 표현인지 파악하지 않고 무작정 외우는 것은 학습효과에 아무런 도움을 주지 못한다.

- **1단계** : 영단어 암기
- **2단계** : MP3소리파일 듣기
- **3단계** : MP3소리파일 듣고 따라하기
- **4단계** : 기본 표현 읽기 & 익히기

※ '콜롬북스어플'을 이용하면 MP3파일을 스마트폰에서 바로 다운로드할 수 있습니다.

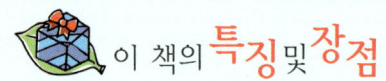
이 책의 특징 및 장점

본서는 그 동안 한국 사회에서 수많은 저자들이 추구해온 영어회화 공부법에 대한 각성의 일환으로 학습법의 새로운 패러다임의 변화를 위해 마련된 기획서이다.

독자 여러분도 알고 있다시피 영어회화가 어려운 건 아님에도 불구하고 외국인만 보면 주눅이 들거나, 해외여행시 현지인들에게 한마디조차 건넬 수 없는 형편이지만 이 책의 특징과 장점을 제대로 파악한다면 영어회화가 한결 쉽게 느껴지게 될 것이다.

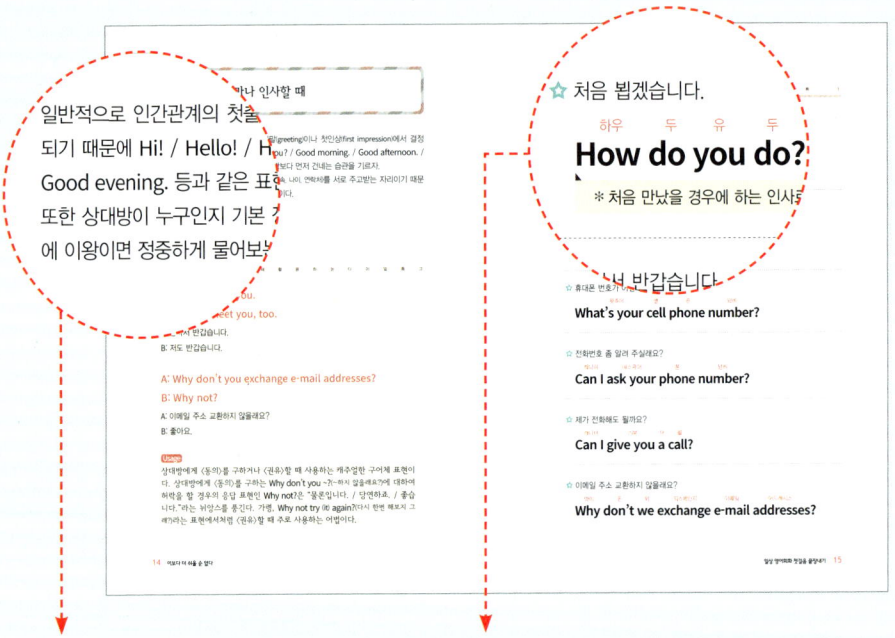

1. 일상생활 위주의 구어체 영어회화

어법 중심의 교재는 표현이 어려운 반면에 실생활에서 자주 사용하는 구어체 표현은 비교적 쉽고 간단하다. 그만큼 배우기도 수월하다.

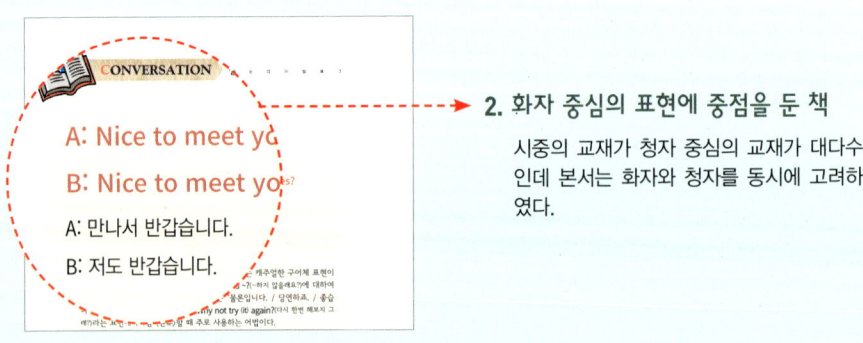

2. 화자 중심의 표현에 중점을 둔 책

시중의 교재가 청자 중심의 교재가 대다수인데 본서는 화자와 청자를 동시에 고려하였다.

3. 표현마다의 뉘앙스에 충실한 교재

쉬운 표현이라 하더라도 이해하기 어려운 표현마다 뉘앙스와 관련된 해설을 보충하였다.

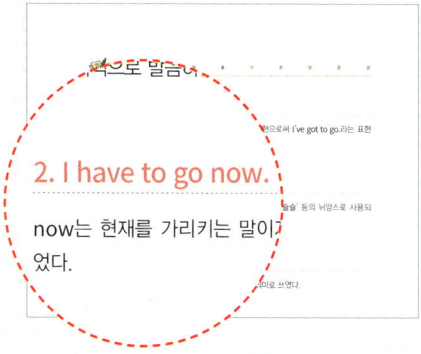

4. 일상생활에서 실제 상황에 활용되는 표현

각 상황별마다 활용하기 쉬운 기초 표현에 충실하였으며, 실제로 일상생활에서 사용되는 표현만 엄선하였다.

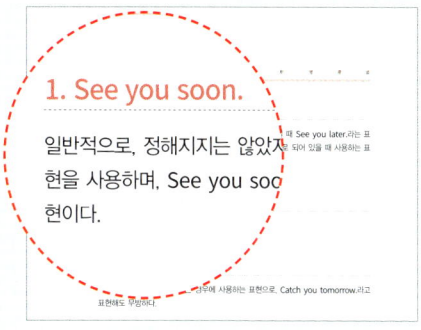

5. 원어민의 발음에 가장 가깝게 한글발음 표기

미국식 영어발음 원리에 의한 한글표기를 병기하여 초보자라도 정확한 발음법을 익힐 수 있도록 배려하였다.

6. 기본 필수표현 및 관용표현 엄선

꼭 필요한 관용 표현은 추가 해설을 넣어줌으로써 기본적인 필수 표현에서 부족한 부분을 보충하도록 하였다.

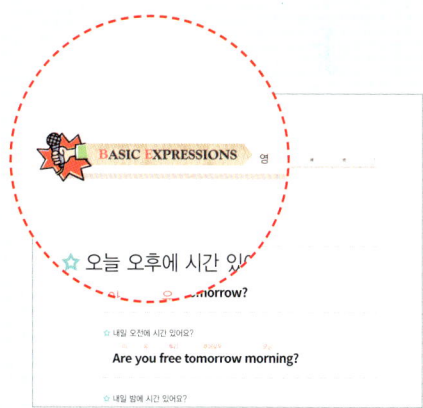

7. 영어회화 학습과 관련된 유용한 정보와 팁

각 상황마다 관련 정보를 제공하였으며, 핵심패턴과 관련된 표현은 팁(Tip) 코너에서 보충하여 학습하도록 하였다.

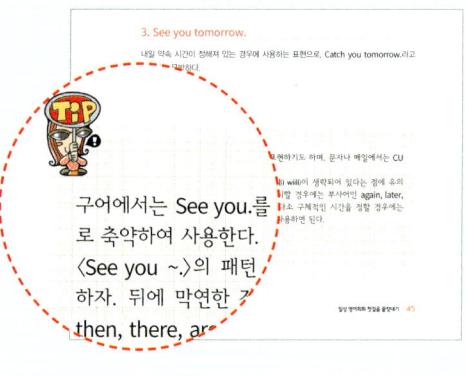

8. 구어체에서 요구되는 영어회화를 위한 영문법

우리가 학창시절에 배운 영문법의 개념에서 벗어나 구어체 영어에 충실한 어법을 제시하였다.

9. 일상생활 체험24시 독학용 영어회화 교재

일상생활에서 활용되는 표현을 통하여 해외여행이나 유학생활에 도움이 될 수 있도록 구성하였다.

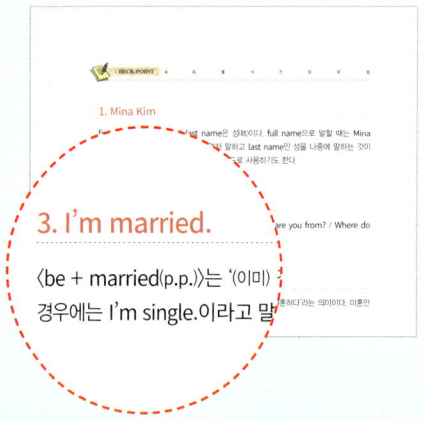

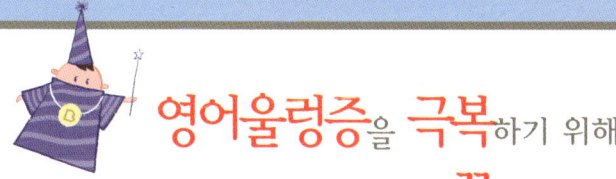

영어울렁증을 극복하기 위해 꼭 알아두어야 할 사항

10년 넘게 지금까지 배웠던 영어 지식은 모두 잊어버려도 상관없다. 이 책에 사용되고 있는 영어 수준은 중·고등학교만 졸업해도 충분할 만큼 쉬운 영단어를 활용하였으며, 영문법도 테스트를 위한 것이 아니기 때문에 원활한 의사소통에 초점을 두었다.

1. 원어민의 스피드를 뛰어넘어라
우리가 서양인들의 영어발음을 못 알아듣는 것은 그들의 말하는 속도를 따라잡지 못하기 때문이다. 우리는 말하기를 단기간에 늘일 수 있다고 판단할지 몰라도 듣기 능력을 향상시키기 전에는 원어민의 스피드를 따라잡기 힘들 것이다.

2. 미국인의 발음법을 극복하라
기성세대들은 교육 방침에 의해 영국식 영어에 익숙하였지만 지금은 미국식 영어발음이 대세가 되었다. 비교적 미국영어는 '영어의 효율성(경제성)'에 초점을 두었으므로 발음의 변화 현상이 뚜렷하면서도 심한 편이다.

3. 문법의 두려움을 떨쳐버려라
우리가 일상생활에서 사용하는 영어회화는 시험(test)을 위한 것이 아니기 때문에 굳이 영문법에 얽매일 필요가 없다. 다시 말하면 의사소통에 초점을 두면 되므로 영어회화와 관련된 문법이나 어휘력에 대하여 걱정할 필요가 없다. 이미 우리는 중고등학교 과정에서 영어회화 수준의 기초 지식은 구축하였다.

4. 회화를 위한 환경을 조성하라
먼저 영어적인 사고력을 기르기 위해서는 영어회화 학습에 걸맞은 최적의 환경을 조성해야 한다. 영어라는 언어도 또한 서양의 사회문화적인 영향을 받았으므로 당연히 그들의 언어습관에 적응해야만 한다. 그러기 위해서는 날마다 일상생활에서 활용해보는 방법밖에 없다.

5. 상황에 따른 응용력을 발휘하라
우리가 익힌 영어 실력은 영어회화를 구사하기에 충분한 실력을 갖추었음에도 대화의 대상이나 상황에 맞는 표현을 쉽게 표현하지 못함을 종종 확인할 수 있다. 이는 주입식 교육의 폐해이므로 말하기 중심의 영어 공부가 되어야 한다.

6. 자신과의 싸움에서 승리하라
평생 사용해 보지도 않았던 영어회화를 새롭게 시작하려면 처음엔 누구나 당황할 수밖에 없다. 그렇지만 자신감을 갖고 일단 부딪혀 보면 외국인과 영어회화도 그다지 두려운 존재가 아님을 느낄 수 있다. 의사소통은 궁하면 통하는 법칙에 지배되기 마련이다.

Contents

Chapter 1 쇼핑

- Unit 1 계산을 할 때 • 14
- Unit 2 엘리베이터를 탈 때 • 18
- Unit 3 개점여부를 물어볼 때 • 22
- Unit 4 수량이나 빈도를 물을 때 • 26
- Unit 5 편의시설을 이용할 때 • 30
- Unit 6 은행이나 우체국에 갔을 때 • 34
- Unit 7 미용실에 갔을 때 • 38

Chapter 2 병원과 약국

- Unit 1 통증을 호소할 때 • 44
- Unit 2 외상을 입었을 때 • 48
- Unit 3 감기에 걸렸을 때 • 52
- Unit 4 약국에 갔을 때 • 56
- Unit 5 병원에 갔을 때 • 60

Chapter 3 요리와 식사

- Unit 1 식사를 준비할 때 (1) • 66
- Unit 2 식사를 준비할 때 (2) • 70
- Unit 3 야채를 손질할 때 • 74
- Unit 4 요리를 할 때 • 78
- Unit 5 식사를 권할 때 (1) • 82
- Unit 6 식사를 권할 때 (2) • 86
- Unit 7 음식에 대해 말할 때 • 90
- Unit 8 배고플 때 • 94
- Unit 9 식사할 때 • 98
- Unit 10 후식을 권할 때 • 102
- Unit 11 식사 후에 뒷정리할 때 • 106

Chapter 4 가사활동

- Unit 1 청소할 때 • 112
- Unit 2 정리정돈을 할 때 • 116
- Unit 3 쓰레기를 처리할 때 • 120
- Unit 4 정원을 손질할 때 • 124
- Unit 5 정원에 꽃이 피었을 때 • 128
- Unit 6 세차할 때 • 132
- Unit 7 세탁할 때 • 136
- Unit 8 다림질할 때 • 140
- Unit 9 아기를 돌볼 때 • 144
- Unit 10 아이와 놀아줄 때 • 148
- Unit 11 애완동물을 돌볼 때 • 152
- Unit 12 조명을 켜고 끌 때 • 156
- Unit 13 수도꼭지를 틀거나 잠글 때 • 160
- Unit 14 가스를 켜고 끌 때 • 164
- Unit 15 문이나 커튼을 여닫을 때 • 168
- Unit 16 문단속을 할 때 • 172

Chapter 5 일과활동

- Unit 1 아침에 일어날 때 • 178
- Unit 2 세면할 때 • 182
- Unit 3 화장실을 이용할 때 • 186
- Unit 4 외출을 준비할 때 • 190
- Unit 5 등교나 출근할 때 • 194
- Unit 6 숙제와 관련된 표현을 할 때 • 198
- Unit 7 시험 관련 표현을 할 때 • 202
- Unit 8 학교생활을 할 때 • 206
- Unit 9 결과에 대해 물어볼 때 • 210
- Unit 10 귀가할 때 • 214
- Unit 11 샤워할 때 • 218
- Unit 12 여가생활을 즐길 때 • 222
- Unit 13 잠잘 준비를 할 때 • 226

Chapter 6 여가활동

- Unit 1 자동차로 여행할 때 • 232
- Unit 2 운전할 때 • 236
- Unit 3 사진촬영을 할 때 • 240
- Unit 4 공원에서 놀 때 • 244
- Unit 5 산책할 때 • 248
- Unit 6 애완동물과 산책할 때 • 252
- Unit 7 TV를 켜고 끌 때 • 256
- Unit 8 TV프로그램을 말할 때 • 260
- Unit 9 프로그램의 시간에 대해 말할 때 • 264
- Unit 10 프로그램을 녹화할 때 • 268
- Unit 11 스포츠를 할 때 • 272

Chapter 7 전화

- Unit 1 전화를 걸 때 • 278
- Unit 2 전화가 걸려왔을 때 • 282
- Unit 3 통화 중일 때 • 286
- Unit 4 바꿔달라고 할 때 • 290
- Unit 5 전화를 받을 때 • 294
- Unit 6 외출 중일 때 • 298
- Unit 7 문자로 답할 때 • 302

특별부록 꼭 알아두어야 할 우선순위 여행영어 • 307

먼저, 영어 학습의 목적을 염두에 두자!

영어 공부는 단순히 의사소통에만 궁극적 목적이 있는 것이 아니라 영어를 통하여 지식을 쌓는 데 그 목적이 있습니다. 따라서 독서를 통해 배경지식을 확장시키는 것이 매우 중요합니다.

Chapter 1

쇼핑

쇼핑은 즐거움의 다른 이름이어야 한다는 말이 있듯
일상생활이든 여행이든 꼭 구매해야 한다는 강박증을 버려야 한다.

Unit 1 계산을 할 때

가격을 물을 때 그냥 How much?라고 표현해도 되지만 How much is it? / How much does it cost? / What does it cost? 등과 같은 표현으로 물어보는 게 옳은 표현이다. 계산을 할 때 현금을 사용할 것인지 카드로 결제할 것인지의 여부를 묻는 표현으로 Cash or charge?라는 문장을 사용한다.
손님이 먼저 정산을 요청하는 경우의 "계산해 주세요. / 계산 좀 부탁할게요."라는 표현은 간단하게 Bill, please! / Check, please.라고 말하면 된다.

CONVERSATION 실 전 에 활 용 하 는 다 이 얼 로 그

A: Will you pay in cash?
B: I'll pay with my plastic (card).
A: 현금으로 지불하시겠습니까?
B: 제 신용카드로 지불할게요.

A: How much?
B: 3,000 won all together.
A: 얼마예요?
B: 전부 3,000원입니다.

Usage

계산대로 가면 점원이 먼저 "어떻게 계산하실래요?"라는 표현으로 How do you want to pay? / How will you pay for it?를 사용하며, 곧이어 Will you pay in cash or by credit card?(현금으로 하실래요? 신용카드로 하실래요?) 라고 결제여부를 물어오게 될 것이다. 어떤 곳에서는 점원이 Please pay in cash.(현금으로 지불해주세요.)라고 요청하기도 한다.

♣ 현금으로 계산하고자 할 때
  I'll pay in cash.
♣ 카드로 계산하고자 할 때
  I'll pay with my credit card.

BASIC EXPRESSIONS 영어로 말해봐!

☆ 얼마예요?

How much?

☆ 얼마입니까?

How much is it?

☆ 하나에 얼마예요?

How much for one?

☆ 세금을 포함한 가격인가요?

Does the price include tax?

☆ 배달료는 얼마인가요?

What do you charge for delivery?

☆ 우송 요금은 얼마인가요?

How much will the postage come to?

☆ 이 카드를 사용할 수 있나요?

두 유 억셉트 디스 카드
Do you accept this card?

☆ 현금으로 낼게요.

아일 페이 인 캐쉬
I'll pay in cash.

☆ 카드로 계산할게요.

아일 페이 윗 마이 카드
I'll pay with my card.

＊ Charge it, please. 카드로 결제할게요.

☆ 어디에서 계산하나요?

웨어 슈다이 페이
Where should I pay?

☆ 계산대는 어디인가요?

웨어즈 더 캐쉬어
Where's the cashier?

WORDS

- price 가격
- include ~를 포함하다
- tax 세금
- charge 청구하다
- delivery 배달
- accept 받아들이다
- pay 지불하다
- in cash 현금으로 ＊by credit card (카드로)
- card 카드
- cashier 계산대

 회　화　를　위　한　영　문　법

1. What do you charge for delivery?

여기서 what은 '얼마'라는 의미이다. 직역을 하면 "배달하는데 얼마를 청구합니까?"이다.

2. How much will the postage come to?

come to는 '액수는 ~입니다'라는 표현이다.

3. Do you accept this card?

직역을 하면 "당신은 이 카드를 받습니까?"이며, 카드는 주로 신용카드(credit card)를 의미한다. 이런 종류의 카드를 취급하는지 여부를 묻는 표현이다.

일반적으로 가격을 묻는 표현은 How much is it? / How much does it cost?이다.

◎ 요금을 묻는 표현

How much is the fare? (= What's the bus fare?)
How much will it be?
How much do I owe you?

◎ 가격을 묻는 표현

What's the regular price?
What's the price of that?

Unit 2 엘리베이터를 탈 때

우리나라의 경우에 엘리베이터 안에서 타인과 대화가 없지만 서양인들은 가볍게 Hi!라고 인사하는 것이 에티켓으로 자연스럽게 튀어나온다. elevator[엘리베이러]는 미국식 표현이며, 영국에선 lift[리프트]라고 한다. 또한 미국에서는 the first floor를 1층이라고 하는데 비해 영국에선 2층이 된다.

CONVERSATION 실전에 활용하는 다이얼로그

A: What floor?
B: Five, please.

A: 몇 층 가세요?
B: 5층 부탁합니다.

A: Is this our station?
B: No, next station.

A: 여기서 내려요?
B: 아니요, 다음역입니다.

Usage

1층	2층	3층	4층
그라운드 플로어 (퍼슷 플로어)	쎄컨 플로어	써드 플로어	포쓰 플로어
ground floor (first floor)	second floor	third floor	fourth floor …

1층 건물(집)	2층 건물(집)	3층 건물(집)	4층 건물(집)
원-스토리 빌딩	투-스토리 빌딩	쓰리-스토리 빌딩	포-스토리 빌딩
one-story building	two-story building	three-story building	four-story building …

 **BASIC EXPRESSIONS** 영 어 로 말 해 봐 !

☆ 올라가세요?

_{고잉 업}
Going up?

☆ 내려가세요?

_{고잉 다운}
Going down?

☆ 몇 층 가세요?

_{왓 플로어}
What floor?

☆ 몇 층에서 내려요?

_{위취 플로어 윌 위 게롭}
Which floor will we get off?

☆ 5층이요.

_{더 휩쓰 플로어}
The 5th floor.

☆ 여기서 내려요?

_{이즈 디스 아워 스테이션}
Is this our station?

☆ 위층으로 갑시다.
   렛츠 고   업스테어즈
   Let's go upstairs.

☆ '위로' 버튼을 눌러요.
   푸쉬 디 업   버튼[벝은]
   Push the up button.

☆ '아래로' 버튼을 눌러요.
   푸쉬 더 다운   버튼[벝은]
   Push the down button.

☆ 죄송해요, 여기서 내려요.
   익스큐즈 미 아임 게링 오피어
   Excuse me, I'm getting off here.

ORDS

- floor 층
- get off 내리다
- roof 옥상
- upstairs 위층
- take 타다
- escalator [에스컬레이러] 에스컬레이터
- elevator [엘리베이러] 엘리베이터(= lift)
- push 누르다
- button [벝은] 버튼
- up 위
- down 아래

CHECK-POINT 회　화　를　위　한　영　문　법

1. Is this our station?

직역을 하면 "여기가 우리들의 역인가요?"이지만 "여기서 내려야 하나요?"라는 의미이다.

2. Let's go upstairs.

upstairs는 윗층을 의미하므로 혼동하기 쉬운 표현이다. 가령, Let's go up the stairs.(계단으로 올라갑시다.)라는 표현도 익혀 두자.

3. I'm getting off here.

get off은 get on(타다)과 반대 표현으로써 차, 비행기, 말 따위에서 '내리다, 하차하다'라는 뜻으로 사용된다.

floor는 어떤 사람이 살거나 찾아가고자 하는 층이 건물 내의 몇 층인지 지점이나 위치를 말할 때 주로 쓰인다. 건물이나 집이 몇 층으로 되어 있는지의 그 층수에 대해서 말할 때에는 storey(英) / story(美)를 사용한다.
영국 영어에서는 건물의 1층을 ground floor라 하고, 그 위의 2층은 first floor, ground floor 아래 있는 지하는 basement나 lower ground floor라고 한다. 미국 영어에서는 1층을 보통 first floor라 하고 2층은 second floor라 하며, 지하는 basement라 한다. 공공건물에 대해서는 1층을 ground floor라고 부르기도 한다.

Unit 3 영업 여부를 물어볼 때

일반적으로 가게의 문 앞에 Closed라고 팻말이 적혀 있으면 '폐점(휴무)', Open이라고 적혀 있다면 '개점'이라는 표시이다. 비교적 큰 백화점이나 마트를 개업할 때 Grand Open이라고 쓰는 경우가 많은데 이것은 엉터리 영어(broken English)이다. 정확한 표현은 Grand Opening이다.

A: What day are you closed?
B: We're closed on Sundays.

A: 무슨 요일이 휴무입니까?
B: 매주 일요일이 휴무예요.

A: What time do you open?
B: We're open at ten.

A: 몇 시에 문을 엽니까?
B: 10시에 엽니다.

Usage

Who's on duty today?(오늘은 누가 당번이죠?)라고 물을 경우에 '오늘은 제 차례입니다.'라는 표현은 It's my shift[to be on duty] today. / It's my turn.이라고 하면 된다. '내일은 당신 차례입니다.'라는 표현은 It's your shift[turn to be on duty] tomorrow.라고 하면 된다.

- 휴무 : I've [take] a day off. 오늘은 제가 휴무입니다.
- 비번 : I'm off today. 오늘은 제가 비번입니다. *I am on duty[watch]. 당번
- 휴업 : We are closed today. 오늘은 휴업입니다.
- 휴일 : Today is a holiday. 오늘은 공휴일입니다.

BASIC EXPRESSIONS

☆ 오늘 영업합니까?

아 유 오픈 투데이
Are you open today?

☆ 몇 시까지 영업하나요?

하우 레잇 아 유 오픈
How late are you open?

＊ What time are you open until tonight? 오늘밤은 몇 시까지 영업하나요?

☆ 무슨 요일이 휴무입니까?

왓 데이 아 유 클로즈(드)
What day are you closed?

☆ 매주 월요일은 휴무예요.

위어 클로즈(드) 온 먼데이즈
We're closed on Mondays.

☆ 몇 시에 문을 엽니까?

왓 타임 두 유 오픈
What time do you open?

☆ 곧 오픈합니다.

위어 오프닝 쑨
We're opening soon.

☆ 11시에 엽니다.

<small>위어　　오픈　　앳　　일레븐</small>
We're open at eleven.

☆ 몇 시에 닫습니까?

<small>왓　　타임　　아　유　　클로즈(드)</small>
What time are you closed?

☆ 우체국은 몇 시에 엽니까?

<small>왓　　타임　　더즈　더　　포슷　아피스　　오픈</small>
What time does the post office open?

☆ 시청은 오늘 휴무입니다.

<small>더　　시티　　아피스　이즈　　클로즈(드)　　투데이</small>
The city office is closed today.

- open 열다, 오픈하다; 개점
- today 오늘은
- closed 닫혀 있다; 폐점
- soon 곧, 바로
- at eleven 11시에
- post office 우체국
- city office 시청

 회 화 를 위 한 영 문 법

1. Are you open today?

이 경우 you는 가게나 전시회 등이고, 개점이나 개관을 했는지 묻는 의문문이다.

2. How late are you open?

직역을 하면 '얼마나 늦게까지' 열려있는지 시간을 묻는 표현이다.

3. on Mondays

Monday가 Mondays로 복수가 되면 '매주 월요일, 월요일마다(every Monday)'라는 뜻이 된다.

흔히 시간이나 날짜와 관련된 표현에는 비인칭 주어인 it을 활용한다. 흔히 해(년)을 묻는 경우에는 'year'를 사용하며, 월을 나타낼 경우에는 'month', 날짜에는 'date', 요일에는 'day', 시간에는 'time'을 활용한다. 물론 앞에 what 의문사를 덧붙여주면 된다.

- 날짜를 묻는 표현법

  What date is it today? 오늘은 며칠입니까?
  *What is today's date?

- 요일을 묻는 표현법

  What day is it? 오늘은 무슨 요일입니까?

- 시간을 묻는 표현법

  What time is it now? 지금 몇 시입니까?
  *Do you have the time?

Unit 4 수량이나 빈도를 물을 때

how는 주로 수량, 빈도, 정도를 물을 때 사용되는 표현인데 〈How + [형용사/부사] ~?〉의 문형으로 널리 활용된다. How many ~?에는 셀 수 있는 가산명사가 오고, How much ~?에는 셀 수 없는 불가산명사가 온다.

가령, "형제가 몇 명이냐?"고 물을 땐 How many brothers do you have?라고 한다.

 실 전 에 활 용 하 는 다 이 얼 로 그

A: **How far?**
B: **About ten minutes on foot.**

A: 얼마나 멀어요?
B: 걸어서 한 10분 정도 걸려요.

A: **How early?**
B: **At 6:00 am.**

A: 얼마나 일찍요?
B: 아침 6시에요.

Usage

〈How + [형용사/부사] ~?〉의 패턴문형의 확장표현은 아래와 같이 매우 다양하다.

- 수량·체중·가격 : 〈How much ~?〉
- 수량·개수 : 〈How many ~?〉
- 나이 : 〈How old ~?〉
- 신장 : 〈How tall ~?〉
- 길이 : 〈How long ~?〉
- 거리 : 〈How far ~?〉
- 속도 : 〈How fast ~?〉
- 깊이 : 〈How deep ~?〉
- 두께 : 〈How thick ~?〉
- 크기 : 〈How large ~?〉
- 폭 : 〈How wide ~?〉
- 넓이 : 〈How big ~?〉
- 빈도·횟수 : 〈How often ~?〉

BASIC EXPRESSIONS 영어로 말해 봐!

☆ 몇 살이죠?

하우 올드 아 유
How old are you?

☆ 몇 개나요?

하우 메니
How many?

☆ 몇 개나 더요?

하우 메니 모어
How many more?

☆ 어느 정도나요? / 얼마만큼 입니까?

하우 머취
How much?

☆ 얼마나 깁니까?

하우 롱
How long?

※ 길이와 거리

☆ 얼마나 걸립니까?

하우 롱 더짓 테익
How long does it take?

※ 시간 소요

☆ 얼마나 멀어요?
　　하우　　화
How far?

☆ 여기에서 얼마나 멀어요?
　　하우　　화　　이짓　프럼　　히어
How far is it from here?

☆ 얼마나 일찍요?
　　하우　　어얼리
How early?

☆ 얼마나 자주요?
　　하우　　오픈
How often?

☆ 얼마나 작죠?
　　하우　　스몰
How small?

*How big? 얼마나 크죠?

**ORDS**

- long 긴
- far 먼
- from ~부터
- here 여기

- early 일찍
- often 자주, 흔히
- small 작은
- big 큰

28　이보다 더 쉬울 순 없다

 회 화 를 위 한 영 문 법

1. How many?

셀 수 있는 가산명사의 수량을 묻는 표현이다.

2. How much?

양을 물을 때 사용하는 표현으로 셀 수 없는 불가산명사에도 사용한다.

3. How long does it take?

얼마나 걸리는지 소요시간을 묻는 표현이다.

수량을 묻는 〈How many + 복수명사 ~?(~는 몇 개입니까?)〉문형에서 many 다음에는 셀 수 있는 가산명사로써 반드시 복수형이 와야 한다.

- 횟수 : How many times ~?
- 인원 : How many people ~?   ※people은 생략 가능
- 권수 : How many books ~?
- 시간 : How many hours ~?
- 개수 : How many apples[oranges] ~?

Unit 5 편의시설을 이용할 때

쇼핑하러 가는 것은 언제나 기분 좋은 일이다. 진열장을 그냥 구경하는 것은 '아이쇼핑(eye shopping)'이 아니라 'window shopping'이다. 물건을 고른 뒤 계산원(cashier)에게 지불할 경우에 사용되는 물건을 담는 비닐팩이나 봉투는 'plastic bag'이라고 한다.

CONVERSATION 실 전 에 활 용 하 는 다 이 얼 로 그

A: Get some eggs.
B: How many tray of eggs do you need?

A: 달걀을 사 오세요.
B: 달걀 몇 판이 필요해요?

A: I'll go to the beauty shop.
B: Will it take long?

A: 미용실에 갔다 올게요.
B: 오래 걸려요?

Usage

옷을 쇼핑하러 갔을 때 기본적인 사이즈(size)나 규격(inch)을 알고, 탈의실(fitting room)에서 직접 입어보고 난 다음에 I'll get this one. / I'll take this one.(이걸로 주세요.)이라고 주문을 한다.
옷의 크기가 맞지 않을 경우에는 다음과 같이 말하면 된다.

- It's too small. 너무 작아요. *big (크기가) 큰
- It's too tight. 너무 꽉 끼어요. *loose (옷이) 헐렁한
- It's too short. 너무 짧아요. *long (길이가) 긴

BASIC EXPRESSIONS 영 어 로 말 해 봐!

☆ 쇼핑하러 갑시다.
_{렛츠 고 윈도우-샤핑}
Let's go window-shopping.

☆ 쇼핑하러 가실래요?
_{쉘 위 고 윈도우-샤핑}
Shall we go window-shopping?
＊Why don't you go window-shopping? 쇼핑가지 않을래요?

☆ 장보러 갔다 올게요.
_{아일 고 그로서리 샤핑}
I'll go grocery shopping.

☆ 달걀을 사 오세요.
_{겟 썸 에그즈}
Get some eggs.

☆ 미용실에 갔다 올게요.
_{아일 고 투 더 뷰리[뷰티] 샵}
I'll go to the beauty shop.

☆ 세탁소 갔다 올게요.
_{아일 고 투 더 클리너스}
I'll go to the cleaner's.

☆ 세탁소에 양복을 맡겨야 해요.
아이 해브 투 테익 마이 숫 투 더 클리너스
I have to take my suit to the cleaner's.

☆ 편의점에 들렀다 갈 겁니다.
아일 스탑 앳 더 컨비니언스 스토어
I'll stop at the convenience store.

☆ 카센터에 차 수리를 맡겼어요.
마이 카 이즈 앳 더 거라쥐 훠 리페어즈
My car is at the garage for repairs.

☆ 컴퓨터를 고치려고 대리점에 맡겨놓았어요.
마이 컴퓨러 이즈 인 더 리페어 샵 훠 픽싱
My computer is in the repair shop for fixing.

WORDS

- grocery 슈퍼
- shopping 쇼핑
- egg 달걀
- beauty shop 미용실
- cleaner's 세탁소
- take 가지고 가다
- suit 양복
- stop at ~에 들르다
- convenience store 편의점

CHECK-POINT 회　화　를　위　한　영　문　법

1. grocery shopping

장보기(grocery shopping)와 윈도우 쇼핑(window shopping)은 구별하여야 한다.

2. Get some eggs.

get은 흔히 '사오다', '가져오다'라는 뜻으로 쓰인다.

3. cleaner's

일반적으로 세탁소를 laundry(드라이클리닝 전문점)와 dry cleaner's라고 한다.

인터넷 쇼핑을 영어로 뭐라고 할까? 엄밀히 말하면 Internet shopping보다는 on-line shopping이라고 해야 한다. 일반적으로 '쇼핑하러 가다'라는 표현은 go shopping이다.
최근에는 핸드폰을 이용하는 모바일 쇼핑(mobile shopping)까지 가능하게 되어 쇼핑중독(shopping addiction) 현상이 큰 사회문제가 된다.

- Do you want to go shopping with me?
  당신 나랑 쇼핑갈래요?
- I don't actually trust online shopping.
  온라인 쇼핑은 그다지 믿음이 가지 않습니다.

Unit 6 은행이나 우체국에 갔을 때

일본이나 중국, 태국 등 외국에 놀러가서 현지어를 모르더라도, 은행 관련 영어표현을 알면 혼자서 ATM(현금자동인출)기를 이용할 수 있다.
카드를 이용할 경우에는 인출(withdrawal), 계좌이체(transfer), 잔액조회(balance inquiry), 비밀번호(PIN) 등의 표현도 알아두자.

CONVERSATION 실 전 에 활 용 하 는 다 이 얼 로 그

A: There's no more money in my bank account.
B: Why?

A: 더 이상 통장에 돈이 없어요.
B: 왜요?

A: Where's an ATM?
B: It's over there.

A: ATM기는 어디 있어요?
B: 저쪽에 있어요.

Usage

There's no more ~(더 이상 ~이 없다, 더 이상 ~하지 않다)의 패턴문형으로써 여유가 없을 때 사용하는 표현법이다.

- There's no more time. 이제 더 이상 시간이 없어요.
- There are no more tickets left. 티켓이 더 이상 남아있지 않습니다.

BASIC EXPRESSIONS 영 어 로 말 해 봐 !

☆ 돈을 인출해야 해요.

아이   해브   투   윋드로우   썸   머니
I have to withdraw some money.

☆ 차에 통장을 놓고 왔어요.

아이   렙트   마이   뱅크북   인 마이 카
I left my bankbook in my car.

☆ 은행은 몇 시에 닫나요?

왓   타임   더즈   더   뱅크   클로즈
What time does the bank close?

☆ 더 이상 통장에 잔고가 없어요.

데어즈 노 모어 머니 인 마이 뱅커카운트
There's no more money in my bank account.

☆ 내 통장 잔고를 알아봐야 해요.

아이 해브 투 체크 더 밸런스 옵 마이 뱅커카운트
I have to check the balance of my bank account.

☆ 현금인출기는 어디 있어요?

웨어즈   언   에이티엠
Where's an ATM?

☆ 속달로 보내주시겠어요?

쿠쥬　쎈드　디스　바이　익스프레스
Could you send this by express?

☆ 이 소포를 항공편으로 보내 주세요.

쎈드　디스　패키지　바이　에어메일　플리즈
Send this package by air mail, please.

☆ 야간배달로 보내주세요.

플리즈　쎈드　디스　오버나잇　딜리버리
Please send this overnight delivery.

☆ 우편 요금은 얼마인가요?

와리즈　더　포스티지　훠　디스　레터
What is the postage for this letter?

- withdraw (잔금 등을) 인출하다
- left 두고 왔다 *leave(두고 오다)의 과거형
- bankbook 통장
- bank 은행
- close 닫다
- account 계좌
- send 보내다
- express 속달 *express mail의 줄임말
- package 소포
- postage 우편요금
- letter 편지
- postcard 엽서
- stamp 우표
- overnight 밤사이의, 야간의

 회화를 위한 영문법

1. There's no ~

직역하면 '~할 것이 없다'라는 뜻으로 쓰인다.

예 There's no harm in asking. 물어봐서 손해를 볼 건 없다.

2. ATM

Automatic Teller Machine(현금자동지급기)의 줄임말이다.

3. by express

'속달로'라는 표현인데 빠른 만큼 비용이 그 만큼 비싸다. 최근에는 퀵서비스(quick service)도 널리 이용하는 편이다.

물건을 보낼 때, '항공편'은 by air mail이라고 하는데 보내기 전 소포, 봉투, 엽서에 by air mail이라고 표시한다. 배편은 by ship, by boat으로 표현하며, 또한 by sea라고도 한다.
그냥 우편으로 보낼 경우에는 by post나 by mail이라고 하면 되는데 여기서 '보통우편'은 first class, '속달우편'은 express mail, '등기우편'은 registered mail이라고 표현한다.

Unit 7 미용실에 갔을 때

서구에서는 미용실(beauty parlor, hairdresser's)이나 이발소(barber shop)를 이용할 때 예약을 하는 경우가 많다. 우리나라와 마찬가지로 미국에서도 이발소가 점점 설 자리를 잃어버리고 있다. 남녀의 hairstyle이 비슷해지는 경향도 있고 또 미용실에서는 이발소보다 남성 헤어스타일에 변화를 줄 수 있기 때문이다. 미국에서 이발료는 팁(tip) 포함하여 15~20 달러 정도이다.

 CONVERSATION 실 전 에 활 용 하 는 다 이 얼 로 그

A: **What would you like?**
B: **Just a trim, please.**

A: 어떻게 해드릴까요?
B: 그냥 다듬어 주세요.

A: **How would you like your hair?**
B: **Cut it short.**

A: 머리를 어떻게 깎아드릴까요?
B: 짧게 깎아 주세요.

Usage

Give me a break!는 상황에 따라 폭넓게 활용되는 표현으로 사용할 때 유의해야 한다. 직역하면 "좀 쉬게 해주세요."지만 "그 정도로 해주세요. / 그 정도면 된 것 같아요."라는 의미가 되기도 한다.
그밖에도 "이제 그만 좀 하세요. / 한번만 기회를 주세요. / 용서해 주세요." 등 다음과 같이 폭넓게 사용된다.

- That's enough. 적당히 좀 하세요.
- You're a pest. 너무 집요하군요.

 **BASIC EXPRESSIONS** 영 어 로 말 해 봐 !

☆ 예약을 해야 합니까?
　　두 아이　　니더　　　레져베이션
Do I need a reservation?

☆ 어떻게 해드릴까요?
　　왓　　　우줄　　　라익
What would you like?

☆ 그냥 다듬어 주세요.
　　저스터　　트림　　플리즈
Just a trim, please.

☆ 파마하실래요? 커트하실래요?
　두　유　　워너　　컷　오어　펌
Do you want a cut or a perm?

☆ 저는 파마를 하고 싶습니다.
　아이드　라익　투　해버　　펌
I'd like to have a perm.
　　※ perm은 permanent의 축약어

☆ 머리를 어떻게 깎아드릴까요?
　　하우　　우줄　　라익　유어　헤어
How would you like your hair?

☆ 앞머리를 어떻게 해드릴까요?

하우 어바웃 더 뱅스
How about the bangs?

☆ 이 사진처럼 잘라 줄 수 있나요?

쿠쥬 컷 마이 헤어 라익 디스 픽쳐
Could you cut my hair like this picture?

☆ 머리를 염색해 주세요.

아이들 라익 투 해브 마이 헤어 컬러드
I'd like to have my hair colored.

  ＊ I'd like to have my hair dyed, please. 머리를 염색하고 싶어요.

☆ 저는 머리를 탈색시키고 싶은데요.

아이 원트 블리칭 마이 헤어
I want bleaching my hair.

☆ 이 색깔은 제 피부색과 잘 어울리나요?

윌 디스 컬러 웍 윗 마이 스킨 톤
Will this color work with my skin tone?

- **bangs** (단발의) 앞머리
- **bleaching** 탈색, 표백
- **colored** 염색하다, 물들이다
- **skin tone** 피부색

1. What would you like?

직역하면 "어떤 걸 좋아합니까?"로 취향을 묻는 표현이다.

2. How would you like your hair?

이 표현도 What would you like?와 유사한 표현이지만 다소 구체적인 스타일이나 취향을 묻는다.

3. work with

원래 work with는 '~와 함께 일하다'라는 의미로 쓰이지만 '~와 어울리다'라는 의미도 있다.

〈What would you like ~?〉라는 패턴표현은 미용실뿐만 아니라 상대방의 기호나 성향을 물어보는 표현으로 널리 쓰인다.

· What would you like to drink? 음료는 뭘로 드릴까요?
· What would you like for dessert? 디저트는 무엇으로 하실래요?
· What would you like to buy? 뭘로 사고 싶으세요?

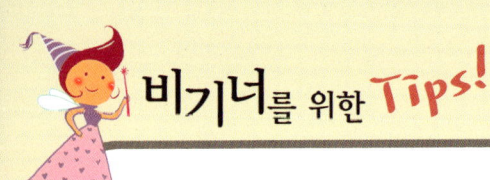
비기너를 위한 Tips!

미용실 소품

미용실은 beauty shop, beauty parlor, hairdresser's, beauty salon 등 다양하지만 beauty shop이 일반적인 표현이다. 미용사는 hairdresser, hairstylist라고 부른다.

씨저스
scissors 가위

미러
mirror 거울

트리트먼트
treatment 트리트먼트

타월
towel 타월

브러쉬
brush 빗

헤어 드라이어
hair drier 드라이어

스타일북
stylebook 스타일북

샴푸
shampoo 샴푸

뷰티   썰롱
beauty salon 미용실

헤어스타일리스트
hairstylist 미용사(헤어디자이너)

Chapter 2

병원과 약국

병원과 약국에서는 전문용어 때문에
의사소통시에 어려움이 많으므로 주의해야 하며,
될 수 있으면 정확한 어휘와 표현을 익혀 두길 바란다.

Unit 1 통증을 호소할 때

통증을 호소할 때 have 동사는 〈I have + 증상〉 패턴표현을 쓰고, 증상에는 〈부위 + ache〉을 쓰면 된다. 아픈 부위에다가 '아프다'는 동사 hurt를 붙여도 의미가 통한다. 현재의 컨디션이나 상태를 말할 경우에는 〈I feel + 형용사〉로 나타낼 수 있다.

  CONVERSATION 실 전 에 활 용 하 는 다 이 얼 로 그

A: I have a toothache.
B: Since when?

A: 이가 아파요.
B: 언제부터요?

A: I can't stop coughing.
B: Can you sleep at night?

A: 기침이 안 멈춰요.
B: 밤에는 잘 자나요?

Usage

병원이나 약국에서 자신의 몸 상태(병명)를 말할 때 〈I have + 증상〉라는 패턴 문형을 활용한다. 병명 가운데 diarrhea(설사), constipated(변비), insomnia(불면증), frozen shoulders(오십견), astigmatism(난시), asthma(천식) 따위는 무관사이다.

- I have insomnia. 저는 불면증이 있어요.
- I have a bad back. 저는 요통이 있어요.
- I have frozen shoulders. 저는 오십견이 있어요.
- I have a wicked hangover. 저는 숙취가 심해요.
- I have acute indigestion. 저는 소화불량이에요.

BASIC EXPRESSIONS 영 어 로 말 해 봐 !

☆ 머리가 아파요.

아이 해버 헤드에익
I have a headache.

☆ 이가 아파요.

아이 해버 투쓰에익
I have a toothache.

☆ 배가 아파요.

아이 해버 스터먹에익
I have a stomachache.

☆ 귀가 아파요.

아이 해번 이어에익
I have an earache.

☆ 허리가 아파요.

아이 해브 로어 백 페인
I have lower back pain.

☆ 관절이 아파요.

아이 해브 페인 인 마이 죠인츠
I have pain in my joints.

☆ 목이 아파요. / 목감기에 걸렸어요.
아이 해버 쏘어 쓰로웃
I have a sore throat.

☆ 열이 조금 있어요.
아이 해버 슬라잇 휘버
I have a slight fever.

☆ 눈이 아파요.
마이 아이즈 허트
My eyes hurt.

☆ 기침이 안 멈춰요.
아이 캔 스탑 코핑
I can't stop coughing.

- stomachache 복통
- earache 귀의 통증
- lower back 허리
- pain 통증
- joint 관절
- hurt 아프다
- sore 따끔거리다
- throat 목
- cough 기침을 하다
- slight 가벼운
- fever 열
- sluggish 활발하지 않은

 회 화 를 위 한 영 문 법

1. I have a headache.

〈I have ~〉는 '~가 있다'는 의미. 직역하면 "두통을 가지고 있다." 질병의 증상이 있을 때 쓴다.

2. I feel sick.

"컨디션이 안 좋다. / 토할 것 같다."라는 의미이다. I'm sick.라는 표현도 유사하게 활용된다.

3. I feel sluggish.

몸이 나른한 상태를 나타내는 표현으로 I feel listless.와 같은 표현이다.

몸이 좋지 않을 경우에 I feel sick. / I feel awful. / I feel terrible.이라는 표현을 하거나 I'd like to see a doctor.(진찰을 받고 싶어요.)라고 하면 된다.
〈I feel like ~〉의 패턴문형은 현재의 기분이나 느낌을 나타내는 표현으로 두 가지의 용법으로 쓰인다.

💬 I feel like + -ing ~: ~하고 싶은 느낌이 들다

  I feel like vomiting. 저는 구역질이 나요.
  I feel like going shopping. 저는 쇼핑가고 싶어요.
  I feel like going home. 저는 집에 가고 싶어요.

💬 I feel like + 명사(절): ~할 것 같다; ~를 하고 싶다

  I feel like I'm getting ripped off. 저는 바가지 쓴 것 같아요.
  I feel like a cup of coffee. 저는 커피 한잔을 마시고 싶어요.

Unit 2 외상을 입었을 때

외상을 입었을 때는 화상, 골절, 타박상, 자상 등 증상을 정확하게 표현해야 한다. 특히 관절을 삐었을 때(sprain) 영어 표현을 몰라서 break(broken)를 쓰면 뼈가 부러졌다는 뜻이 되므로 주의해야 한다.
상처를 입었을 경우에는 현재완료형인 〈have + 과거분사(p.p.)〉이 사용되며, 병을 얻었을 경우에는 〈get + 과거분사(p.p.)〉를 활용한다.

CONVERSATION 실 전 에 활 용 하 는 다 이 얼 로 그

A: What's the matter?
B: I've burned my hand.

A: 무슨 일이에요?
B: 손에 화상을 입었어요.

A: What happened?
B: I've sprained my ankle.

A: 어떻게 된 일이에요?
B: 발목을 삐었어요.

Usage

흔히 신체 부위에 통증을 가지고 있을 경우에 〈I have a pain in ~〉이라는 문형을 활용하는데 가령, I have a pain in my left ear.라는 표현은 보통 일상생활에서는 My left ear hurts.(왼쪽 귀가 아파요.)라고 표현하기도 한다.

- I have a pain in my chest. 가슴이 아픕니다.
- I have a pain in my stomach. 배가 아픕니다.
- I have a pain in my leg. 다리가 아픕니다.
- I have a pain in my back. 허리가 아픕니다.

 BASIC EXPRESSIONS 영 어 로 말 해 봐 !

☆ 저는 손에 화상을 입었어요.
아이브   번드   마이   핸드
I've burned my hand.

☆ 저는 손가락이 부러졌어요.
아이브   브로큰   마이   핑거
I've broken my finger.

☆ 저는 왼쪽 다리가 부러졌어요.
아이브   브로큰   마이   레프트   렉
I've broken my left leg.

☆ 저는 손가락을 베었어요.
아이브   컷   마이   핑거
I've cut my finger.

☆ 저는 머리를 부딪쳤어요.
아이   범퍼드   마이   헤드
I bumped my head.

☆ 저는 타박상을 입었어요.
아이브   빈   브루즈드
I've been bruised.

☆ 저는 발목을 삐었어요.

아이브   스프레인드   마이   앵클
I've sprained my ankle.

☆ 저는 얼굴을 다쳤어요.

아이   허트   마이   페이스
I hurt my face.

☆ 저희 아이가 다쳤어요.

마이   차일드   이즈   허트
My child is hurt.

☆ 저희 아기가 화상을 입었어요.

마이   베이비   갓   번드
My baby got burned.

- burn 화상을 입다
- break 골절상을 입다
- finger 손가락
- leg 다리
- cut 베다, 자르다
- bump 부딪치다

- head 머리
- bruise 타박상을 입다, 멍이 생기다
- sprain 삐다
- ankle 발목
- hurt 상처를 입다

 CHECK·POINT 회화를 위한 영문법

1. I've burned my hand.

현재완료형인 〈have + 과거분사(p.p.)〉를 사용해서 '화상을 입었는데 아직 낫지 않았다'라는 표현이다.

2. I've broken ~.

현재완료형인 〈have + 과거분사(p.p.)〉를 사용하여 부상을 입은 결과나 상태를 표현한다.

3. got burned

get burned(화상을 입다)에서 got은 get의 과거형이고, burned는 형용사로 '(불에) 탄, 그을린'이라는 뜻으로 쓰였다.

흔히 Do you have a cold?(너 감기에 걸렸니?)라는 표현을 가장 많이 사용하는데 '감기에 걸리다'라는 표현은 catch a cold, take a cold, get a cold, have a cold 등과 같이 다양하게 활용할 수 있는데 여기서 반드시 a cold라고 표현해야 한다. 만약에 get cold를 사용하였다면 '추워지다, 싸늘해지다'라는 의미로 쓰인다.
그 중에서도 〈have + 과거분사(p.p.)〉의 패턴문형은 병을 얻은 상태를 말할 때 쓰인다.

- I've got a flu. 독감에 걸렸어요.
- I've got diarrhea. 설사를 해요.
- I've got food poisoning. 식중독에 걸렸어요.

Unit 3 감기에 걸렸을 때

영어로 감기를 cold, flu, influenza, cough로 다양하게 표현하지만 실제로는 차이가 있으므로 사용상 유의해야 한다. My brother caught a cold.(제 동생이 감기에 걸렸어요.)라는 표현은 My brother had a cold.라고 표현해도 무방하다.
'감기를 옮기다'라고 하면 'give a cold to + 사람'이라고 하면된다. 그리고 '감기 걸리지 않도록 조심해라.'는 Take care not to catch a cold.이다.

CONVERSATION 실전에 활용하는 다이얼로그

A: I'm down with a cold.
B: That's too bad.

A: 저는 감기로 몸져누웠어요.
B: 저런 큰일이네요.

A: What are your symptoms?
B: I can't stop coughing.

A: 증상이 어떤가요?
B: 저는 기침이 멈추지 않아요.

Usage

자신의 건강 상태나 증상에 비춰볼 때 다소 불확실한 경우에 다음과 같은 간접적인 표현법을 활용하면 된다. "저는 감기에 걸린 것 같아요."라는 표현은 〈It looks like + (절) ~〉, 〈I seem to be ~〉, 〈I'm afraid + (절) ~〉, 〈I think + (절) ~〉 등과 같은 문형으로 표현할 수 있다.

- It looks like I have a cold.
- I seems to be catching a cold.
- I'm afraid I've caught a cold.
- I think I'm catching a cold.

BASIC EXPRESSIONS 영어로 말해 봐!

☆ 저는 감기에 걸렸어요.
　　아이브　　코오터　　콜드
I've caught a cold.

☆ 저는 감기가 더 심해졌어요.
　　마이　　콜드　　이즈　　월스
My cold is worse.

☆ 저는 독한 감기에 걸렸어요.
　　아이　해버　　뱃　　콜드
I have a bad cold.

☆ 저는 감기로 몸져누웠어요.
　　아임　　다운　　위더　　콜드
I'm down with a cold.

☆ 저는 독한 감기 때문에 (일을) 쉬고 있어요.
　　아임　　아웃　　위더　　뱃　　콜드
I'm out with a bad cold.

☆ 저는 오한이 나요.
　　아이　　해브　　칠일즈
I have chills.

⭐ 저는 콧물이 나요.
아이 해버   러니   노우즈
I have a runny nose.

⭐ 저는 기침이 멈추지 않아요.
아이 캔   스탑   코핑
I can't stop coughing.

⭐ 저는 감기가 안 나아요.
아이 캔   겟오버   디스   콜드
I can't get over this cold.

⭐ 저는 감기를 치료해야 해요.
아이 해브 투 테익   케어로버   콜드
I have to take care of a cold.

⭐ 저는 감기를 예방해야 해요.
아이 해브 투   프리벤터   콜드
I have to prevent a cold.

- catch a cold 감기에 걸리다
- bad cold 독한 감기
- chill 오한
- runny nose 흐르는 콧물
- stop 멈추다
- coughing 심한 기침을 계속 하는 것
- get over 회복하다
- take care of 치료하다
- prevent 예방하다

1. My cold is worse.

직역하면 "내 감기는 더욱 나쁘다."라는 뜻으로 병세의 악화를 의미한다.

2. I'm down with a cold.

down은 '약해지다 / 넘어지다'라는 의미이다.

3. I'm out with ~

'~로 일을 쉬고 있다'라는 표현이다. 가령 '휴직중'이라는 표현은 take time off (from work)를 사용하면 된다.

감기에 걸리면 그 증상이 다양하게 표출되는데 통증의 부위나 상태에 따라 달리 표현할 수 있다. 또한 감기로 인하여 부대적인 통증인 cough(기침), chill(오한), headache(두통), vomiting(구토), dizziness(현기증) 등을 동반하기도 한다.

- I have a cold. 감기에 걸렸어요. ※I've got a cold. / I've caught a cold.
- I have a bad cold. 독감에 걸렸어요.
- I have a sinus cold. 코감기에 걸렸어요.
- I have a sore throat. 목감기에 걸렸어요.

Unit 4 약국에 갔을 때

여기에서도 have동사가 〈통증〉을 수반하는 동사로 사용되었다. 〈Do you have ~?〉 패턴은 약국이나 모든 가게에서 사용된다. 〈I'd like ~〉 패턴은 자신이 원하는 것을 말할 때 흔히 사용한다. 가령, 약사(pharmacist, druggist, chemist)로부터 I think you should see a doctor. / I think you need to see a doctor.(병원에 가봐야 할 것 같아요.)라는 말을 들을 수도 있다.

CONVERSATION 실전에 활용하는 다이얼로그

A: How should I take this?
B: Take it three times a day.
A: After meals?
B: Yes, after meals.

A: 어떻게 복용하면 되죠?
B: 하루에 세 번 드세요.
A: 식후인가요?
B: 네, 식후에 드세요.

Usage

영어 표현 가운데 만능동사라고 하는 것들이 있다. 그 중에서도 have, make, take, get, do 등은 실로 다양한 의미를 함축하고 있기 때문에 그 활용가치가 뛰어나다. 어떤 행위이든, 수단이든 〈동사 + it(목적어)〉을 활용하여 '요구'나 '요청'의 표현법으로 널리 활용하고 있다.

♣ do it : 행하다
- Do it just as you please. 좋으실 대로 하세요.
- Do it yourself. 직접 하시오.

♣ take it : 취하다, 견디다
- Take it easy. 진정해라.
- Oh, take it back! 아, 그거 취소해주세요!

♣ make it : 결정하다, 성공하다
- Make it by sea. 배편으로 해주세요.
- Let's make it tomorrow. 내일로 합시다.

BASIC EXPRESSIONS 영어로 말해 봐!

☆ 감기약을 좀 주세요.
I'd like some cold medicine.

☆ 진통제 있나요?
Do you have a pain killer?

☆ 위통에 잘 듣는 약 있어요?
Do you have anything for a stomachache?

☆ 두통에 잘 듣는 약 있어요?
Do you have anything for a headache?

☆ 치통에 잘 듣는 약 있어요?
Do you have anything for a toothache?

☆ 변비약 있어요?
Do you have any constipation medicine?

☆ 해열제 있어요?

두 유 해브 에니 휘버 리듀썰
Do you have any fever reducer?

☆ 생리대 있어요?

두 유 해브 쌔너테리 냅킨스
Do you have sanitary napkins?

※ 생리대는 hygienic band, sanitary pad, sanitary napkin, sanitary towel 등으로 표현한다.

☆ 종이기저귀 있어요?

두 유 해브 디스포즈저블 다이퍼즈
Do you have disposable diapers?

☆ 하루에 몇 번 먹으면 되나요?

하우 메니 타임즈 어 데이 슈다이 테이킷
How many times a day should I take it?

☆ 어떻게 복용하면 되죠?

하우 슈다이 테익 디스
How should I take this?

WORDS

- cold medicine 감기약
- pain killer 진통제
- anything 무언가
- laxative 설사약

- fever reducer 해열제
- sanitary napkin 생리대
- disposable diaper 종이기저귀
- take (약을) 복용하다, 먹다

CHECK·POINT 회　화　를　위　한　영　문　법

1. I'd like some cold medicine.

흔히 감기를 cold, flu(influenza)라고 하는데 cold medicine은 '감기약'을 지칭한다. 그럼, cough는 뭘까? '기침(하다)'라는 뜻이다.

2. Do you have ~?

가게 주인에게 '～가 있어요?'라고 묻는 표현이다.

3. How should I take this?

약의 분량과 복용 횟수를 물을 때 쓰는 표현이다.

병원이나 약국에 가면 의사나 약사가 "어디가 아프세요?"라고 물어보게 되는데, 이럴 때 활용되는 표현으로는 여러 가지가 있다. 가령, You don't look well. How do you feel?(안색이 안 좋아요. 어디 아프세요?) / Let me take a look. Does it hurt very much?(좀 볼게요. 많이 아프세요?) 외에 다음과 같은 표현도 쓰인다.

- Do you have any pain?
- What seems to be the matter[trouble]?
- What's wrong?　＊What's the problem? / Is anything wrong?
- Do you feel sick?

Unit 5 병원에 갔을 때

병원에서 의사가 '특정 환부를 진찰하다'라는 경우는 take a look in을 사용한다. 그리고 체온을 말할 때 우리나라는 섭씨(Centigrade)를 쓰지만 영미권에서는 화씨(Fahrenheit)를 쓰므로 참고해 두자. 의료보험은 medical insurance라고 한다.
자신의 증상을 의사에게 말할 땐 〈I have a ~〉라는 문형을 활용하는데 뒤에는 아픈 증상이나 통증을 덧붙여주면 된다.

CONVERSATION 실 전 에 활 용 하 는 다 이 얼 로 그

A: I still have insomnia.

B: Since when?

A: 계속 불면증이에요.
B: 언제부터인가요?

A: Do you know your blood type?

B: My blood type is B.

A: 혈액형이 뭐죠?
B: B형입니다.

Usage

병원에 가면 의사가 다음과 같은 질문을 가장 먼저 하고, 보다 구체적으로 아픈 곳, 아픈 기간, 아픈 증상을 체크한 다음 진찰을 하게 된다.
"어디가 아프신가요?"라는 다양한 표현법을 익혀 두도록 하자.

- What's the matter?
- What's wrong with you?
- What brings you here?
- What seems to be the problem?
- Can you tell me your symptoms?

☆ 안색이 안 좋네요.

유　　　룩　　　페일
You look pale.

☆ 저는 몸이 안 좋아요.

아이　휠　　씩
I feel sick.

☆ 증상이 어떠세요?

와라　　　유어　　　　씸텀스
What are your symptoms?

☆ 온도 좀 재겠습니다.

렛　미　　책　　　유어　　　템퍼러춰
Let me check your temperature.

　※ Let me check your blood pressure. 혈압 좀 재겠습니다.

☆ 아픈 증상이 얼마나 되었나요?

하우　롱　　해브　유　빈　　휠링　　씩크
How long have you been feeling sick?

☆ 진찰을 받고 싶어요. / 진찰 좀 해주세요.

아이　니드　투　씨어　　닥터
I need to see a doctor.

☆ 계속 불면증이에요.

아이 스틸 해브 인싸미어
I still have insomnia.

☆ 알레르기 체질이에요.

아이 해브 앨러지스
I have allergies.

☆ 혈액형은 B형이에요.

마이 블러드 타입 이즈 비-
My blood type is B.

☆ 평소에 복용하시는 약이 있습니까?

아 유 테이킹 에니 메디케이션 레귤러리
Are you taking any medication regularly?

☆ 복용하고 있는 약은 없어요.

아임 낫 테이킹 에니 메디케이션
I'm not taking any medication.

☆ 진찰권을 안 가져왔어요.

아이 훠갓 마이 레지스트레이션 카드
I forgot my registration card.

- see 만나다
- doctor 의사
- insomnia 불면증
- allergies 알레르기
- blood type 혈액형
- medication 약
- forgot 잊었다 *forget(잊다)의 과거형
- registration card 진찰권

 회 화 를 위 한 영 문 법

1. I need to see a doctor.

직역하면 "나는 의사를 만나고 싶다."라는 뜻으로써 see a doctor는 '(의사에게) 진찰을 받다'라는 의미를 나타낸다.

2. I still have insomnia.

직역하면 "나는 여전히 불면증이 있다."라는 뜻으로 쓰였으며, 부사어 still(여전히)은 증상의 지속을 나타내주는 어감을 내포하고 있다.

3. I have allergies.

직역하면 "나는 알레르기 증상을 가지고 있다."라는 뜻으로 증상을 호소할 경우에는 〈I have ~〉 문형을 사용한다.

약사나 의사에게 자신의 증상을 얘기할 경우, 다소 막연하게 '피곤함'을 호소할 때에는 다음과 같이 다양한 방법으로 표현을 하면 된다.

- I'm very tired. 저는 매우 피곤합니다.
- I'm worn out. 저는 녹초가 되었습니다.
- I'm exhausted. 저는 거의 지쳤습니다.
- I'm getting tired. 저는 점점 피곤해집니다.
- I feel run-down. 저는 피곤함을 느낍니다.

인체부위의 명칭

각 신체 부위의 명칭은 정확하게 알아두도록 하자. 몸을 표현하는 단어만 해도 여러 가지가 있는데 body는 몸 자체를 말하고 build나 physique는 체격, figure는 풍채, 풍모, constitution은 체질을 의미한다.

단어	발음	뜻	단어	발음	뜻
body	바디	몸	trunk	트렁크	몸통
limb	림	사지(팔다리)	head	헤드	머리
face	훼이스	얼굴	profile	프로파일	옆얼굴
eye	아이	눈	ear	이어	귀
nose	노우즈	코	eyebrow	아이브라우	눈썹
eyelid	아이리드	눈꺼풀	eyelash	아이래쉬	속눈썹
lip	립	입술	tooth	투쓰	이
gum	검	잇몸	tongue	텅	혀
throat	쓰롯	목구멍	tonsil	탄쓸	편도선
chest	체스트	가슴	back	백	등
shoulder	숄더	어깨	buttocks	버턱스	엉덩이
waist	웨이스트	허리	belly	벨리	배
belly button	벨리 버튼	배꼽	arm	아암	팔
elbow	엘보우	팔꿈치	wrist	뤼스트	손목
fist	휘스트	주먹	hand	핸드	손
finger	핑거	손가락	palm	팜	손바닥
leg	렉	다리	ankle	앵클	발목
thigh	싸이	허벅지	knee	니-	무릎
heel	하을	뒤꿈치	shin	쉰	정강이
foot	풋	발			

병명

insomnia	불면증	overweight	과체중	pimples, indigestion	소화불량
sore threat	인후통	backache	요통	bad allergies	알레르기
toothache	치통	fever	열	sprained ankle	발목 염좌
sunburn	화상	flu	독감	cough	기침
heartburn	속쓰림	stiff muscles	근육통	congestion	충혈

Chapter 3

식사

삶에서 일과활동을 제외한 중요한 부분 가운데 식사와 수면은
휴식만큼이나 중요한데 요즘은 건강식 식단이 각광을 받고 있으며,
요리에 대한 관심이 점점 커지고 있다.

Unit 1 식사를 준비할 때 (1)

저녁식사라는 의미로 supper와 dinner 두 단어를 떠올리게 되는데 사실 두 단어는 차이가 크다. dinner는 하루 중 가장 중요한 식사(거하게 차린 음식)로서 대개 저녁식사를 위해 약속을 잡게 되는 반면에 supper는 그냥 평범하거나 가벼운 저녁식사를 말한다.
우리말의 '아점'의 유래는 영어 'brunch'에서 왔다고 볼 수 있다. breakfast와 lunch의 합성어가 바로 brunch이니까 말이다.

CONVERSATION 실 전 에 활 용 하 는 다 이 얼 로 그

A: I'll fix supper.
B: What's for supper?
A: 저녁 준비할게요.
B: 저녁식사는 뭐죠?

A: Can I help you?
B: Can you wipe the table?
A: 도와줄까요?
B: 식탁 좀 닦아 줄래요?

Usage
본래 please(조건절인 if you please의 생략)는 남에게 정중하게 무엇을 부탁하거나 권유할 때 덧붙이는 말이다. 구어에서는 서술어를 생략하고 '명사'를 활용한 표현법을 즐겨 쓴다.

- May I see the menu, please. 메뉴판 좀 보여주실래요?
- Check[Bill], please. 계산서 좀 해주세요.
- Water, please. 물 좀 주세요.
- Non-smoking, please. 금연석을 부탁합니다.
- Passport, please. 여권 좀 보여주세요.
- Well done, please. 잘 좀 익혀주세요.

BASIC EXPRESSIONS 영어로 말해 봐!

☆ 저녁을 준비할게요.

아일 픽스 써퍼
I'll fix supper.

☆ 저는 아침을 준비해야 합니다.

아이 해브 투 픽스 브렉퍼스트
I have to fix breakfast.

☆ 점심을 준비합시다.

렛츠 픽스 런취
Let's fix lunch.

☆ 식탁을 좀 차려요.

쎗 더 테이블
Set the table.

☆ 식탁 차리는 것 좀 도와주세요.

헬프 미 쎗 더 테이블
Help me set the table.

☆ 식탁 좀 닦아줄래요?

캔뉴 와입 더 테이블
Can you wipe the table?

☆ 식탁 좀 치워주세요.

클린   더   테이블
Clean the table.

☆ 이거 식탁에 갖다 놔주세요.

테익   디스   투   더   테이블
Take this to the table.

☆ 저녁 식사로 뭘 먹고 싶어요?

왓   우쥴   라익 훠   써퍼
What would you like for supper?

☆ 저녁 식사로 뭘 요리하고 있나요?

와라유   쿠킹   훠   디너
What are you cooking for dinner?

☆ 오늘 저녁 식사는 뭐죠?

와츠   훠   써퍼   투나잇
What's for supper tonight?

WORDS

- fix 준비하다
- supper 저녁식사
- breakfast 아침식사
- lunch 점심식사
- wipe 닦다
- table 테이블, 식탁
- take 가져가다
- cook 요리하다
- tonight 오늘 저녁

CHECK-POINT 회 화 를 위 한 영 문 법

1. Set the table.

식사를 하기 위해 '식탁을 차리다'라는 뜻이다.

2. Clean the table.

'식탁 위를 정리해서 깨끗이 하다'라는 의미이다.

3. What's for ~?

What's for ~?(~는 뭐예요?)는 종류나 메뉴(menu)를 묻는 표현법이다.

상대방에게 뭔가를 부탁하고자 할 때 양해를 구하는 듯한 말인 I'm sorry. 나 Excuse me. 라는 말을 먼저 꺼내 놓고 구체적인 부탁을 하면 된다.

💬 부탁 좀 드려도 될까요? (저 좀 도와주실래요?)
- Can you help me?
- Can you do me a favor?
- Can I ask you a favor?
- May I ask a favor of you?
- Can I ask you for something?

Unit 2 식사를 준비할 때 (2)

식사 등을 '준비하다'라는 표현은 fix라고 하여 fix dinner처럼 쓸 수 있다. 식사 뿐 아니라 다른 것을 준비할 때에는 prepare를 쓸 수 있다. cook란 동사는 열을 사용하여 "요리(끓이고 삶고 튀기는 등)하다"라는 뜻이다.

일상생활에서는 그다지 격식을 갖추지 않아도 되므로 문두의 Can you ~?나 Will you ~?를 생략하는 동시에 문미의 please도 생략하여 표현하곤 한다.

CONVERSATION 실 전 에 활 용 하 는 다 이 얼 로 그

A: What can I do to help?
B: Can you cook rice?

A: 무엇을 좀 도와 드릴까요?
B: 밥 지을 줄 알아요?

A: Where's the measuring cup?
B: Here you are.

A: 계량컵 어디 있어요?
B: 여기 있어요.

Usage

해외여행을 갔을 때 상점을 들르면 May I help you?(무엇을 도와드릴까요?)라는 말을 많이 들어보았을 것이다. 다음과 같은 표현은 상대방에게 용무를 직·간접적으로 묻는 표현법이다.

- What can I do for you?
- Can I give you a hand?
- Let me help you out.
- How did you come in here?
- How did you get here?
- Can I take your order, please?   ※(식당에서) 주문을 받을 때
- What do you want me for?   ※(상대방의) 용무를 물을 때

BASIC EXPRESSIONS 영어로 말해 봐!

☆ 물 끓여주세요.

　　　보일　더　워러[워터]
　Boil the water.

☆ 밥 지을 수 있어요?

　　캔뉴　　쿡　　라이스
　Can you cook rice?

☆ 파스타를 삶아주세요.

　　보일　더　파스타
　Boil the pasta.

☆ 쌀 두 컵을 재어주세요.

　메져　아웃　투　컵스　옵　라이스
　Measure out two cups of rice.

　※ "쌀은 두 컵만 넣으세요."라는 뜻도 있다.

☆ 계량컵 어디 있어요?

　웨어즈　더　메져링　컵
　Where's the measuring cup?

☆ 쌀 씻어주세요.

　린스　더　라이스
　Rinse the rice.

☆ 버터 발라주세요.
　　스프레드　　버러[버터]
Spread butter.

☆ 잼 발라주세요.
　　스프레드　잼
Spread jam.

☆ 커피 타주세요.
　　메익　　커피
Make coffee.

☆ 맛 한번 봐주세요.
　씨　하우　잇　테이스츠
See how it tastes.

☆ 맛 좀 봐도 되나요?
　캐나이　해버　테이스트
Can I have a taste?

- cook rice 밥을 짓다
- pasta 파스타
- measure out 재다, 측정하다
- two cups of 두 컵의 ~
- rice 쌀, 밥
- measuring cup 계량컵
- spread (버터 등을) 바르다, 칠하다
- butter 버터
- jam 잼
- see 보다
- how 어떻게
- taste 맛, 맛보다

CHECK·POINT 회　화　를　위　한　영　문　법

1. Boil the water.

직역하면 "그 물을 끓여라."인데 또 다른 표현으로 Boil some water, please.라고 하면 된다.

2. Rinse the rice.

'쌀을 씻다'라는 의미의 영어 단어가 없다. rinse는 '물로 헹구다'라는 어휘를 활용한다.

3. Make coffee.

'커피를 만들다(타다)'는 make coffee이며, '커피를 끓이다'는 brew coffee이다.

도움을 요청하는 어투의 말미에는 무조건 please를 덧붙여주어 부탁의 어감을 나타내면 좋다. 특히 〈명사구(상당어구) + please?〉라는 표현은 구어에서 편리하면서도 흔히 사용된다.

- To go, please. 포장해 주세요.　※패스트푸드점에서
- Take a seat, please. 자리에 앉으세요.
- Charge it, please. 신용카드로 계산해 주세요.
- Rush it, please. 서둘러 주세요.
- Fill it up, please. 가득 채워주세요.　※자동차 연료 등

Unit 3 야채를 손질할 때

야채를 칼로 썰 때 큰 깍두기 모양으로 자르는 것을 cube라고 하고, 더 잘게 자르는 것을 mince라고 한다. 껍질을 벗기는 표현으로 pare는 칼로 깎는 것이고, peel은 손으로 껍질을 벗기는 것이다.
흔히 야채를 vegetable이라고 하는데 최근에는 슬랭(slang)인 greens라는 표현을 사용하기도 하며, 우리가 말하는 식료품점은 grocery store라고 부른다.

CONVERSATION 실전에 활용하는 다이얼로그

A: Can you pare the apples?
B: Okay!

A: 사과 껍질 좀 까주실래요?
B: 좋아요!

A: Boil the potatoes.
B: How many potatoes do you want?

A: 감자 좀 삶아주세요.
B: 감자가 몇 개 필요해요?

Usage

〈How many + 명사 ~?〉의 패턴문형에서 의문사(의문형용사 + 명사)가 문장에서 주어 역할을 할 경우에는 그냥 평서문처럼 쓰면 된다. 이에 대한 응답인 There are many languages (which are) spoken in korea.에서 spoken은 분사로써 앞의 many languages를 꾸며준다.

Q: How many languages are spoken in korea?
A: There are many languages spoken in korea.

Q: 한국에서는 몇 가지 언어가 사용되고 있나요?
A: 한국에서는 여러 언어가 사용되고 있어요.

☆ 토마토를 잘라주세요.
슬라이스 더   터메이토우즈
Slice the tomatoes.

☆ 사과 껍질 좀 까주실래요?
캔뉴   페어 디 애플즈
Can you pare the apples?

☆ 오렌지 껍질 벗겨주세요.
필 디   오린지즈
Peel the oranges.

☆ 딸기 좀 씻어주세요.
와쉬 더   스트로베리즈
Wash the strawberries.

☆ 채소를 씻어주세요.
와쉬 더   베지터블즈
Wash the vegetables.

☆ 샐러드를 만듭시다.
렛츠 메이커 샐러드
Let's make a salad.

☆ 야채 좀 삶아주세요.

　　보일　더　베지터블즈
Boil the vegetables.

☆ 무를 갈아주세요.

　　그라인더　래디쉬
Grind a radish.

☆ 양파 좀 다져줄래요?

　　캔뉴　민스　디　어니언즈
Can you mince the onions?

☆ 감자 좀 삶아주세요.

　　보일　더　퍼테이토우즈
Boil the potatoes.

☆ 감자 좀 으깨주세요.

　　매쉬　더　퍼테이토우즈
Mash the potatoes.

- slice 슬라이스하다
- strawberry 딸기
- vegetable 야채
- salad 샐러드
- grind (곡식 등을 잘게) 갈다
- radish 무
- mince 잘게 다지다
- onion 양파
- potato 감자
- mash (삶은 감자 등을) 으깨다

CHECK-POINT 회화를 위한 영문법

1. pare

'껍질을 벗기다 / 잘라내다'라는 의미이다. 비교적 얇은 껍질을 칼로 벗기거나 깎을 때 사용하는 동사이다.

2. peel

귤, 바나나, 계란처럼 맨손으로 껍질을 벗기는 의미로 쓰여 peel an onion은 '양파의 껍질을 까다'라는 표현이다.

3. Grind a radish.

'(강판 따위로) 무를 갈다'라는 표현은 grind 외에도 grate라는 동사도 쓰는데, 원래는 벽난로의 '쇠살대'를 지칭한다. grate an apple[onion]는 '(강판에) 사과[양파]를 갈다'이다.

음식과 관련된 표현은 그다지 쉽지 않다. 왜냐하면 과일이나 야채에 따라 달라지기도 하고, 또한 야채를 손질하는 도구에 의해서도 달리 표현되기 때문이다.

- trim vegetables 야채를 다듬다, 손질하다
- mince onions 양파를 갈다
- grind cheese 치즈를 갈다
- cut vegetables 야채를 썰다
- cut bread 빵을 자르다
- peel an orange 오렌지를 까다

Unit 4 요리를 할 때

조리법[레시피]을 영어로 말할 때 steam은 증기로 찌는 것이고, boil은 '삶다'라는 의미이다. 고기를 석쇠로 굽는 것은 grill이나 broil을 쓴다. 또한 '훈제하다'는 smoke라고 표현하는데 fry는 기름으로 튀기는 것이고, stew는 수프나 죽처럼 천천히 저어가면서 요리하는 것이다.

CONVERSATION 실전에 활용하는 다이얼로그

A: Can you fillet the fish?
B: I'll try it.

A: 생선 다듬을 수 있어요?
B: 한번 해볼게요.

A: Can I grill the meat?
B: Don't let it burn.

A: 그릴로 고기 구워도 되나요?
B: 태우지는 마세요.

Usage

아무런 조치를 취하지 않으면 안 된다는 일종의 조언이나 충고를 하는 표현으로 〈Don't let it ~.(~하지는 마세요.)〉라는 패턴문형을 활용한다. 가령, Don't let me down.라고 하면 "저를 실망시키지 마세요."라는 표현이 된다.

· Don't let it get you down. 그 일로 의기소침해 하지 마세요.
· Don't let it happen again. 다시는 이런 일이 일어나지 않도록 하세요.
· Don't let it bother you so. 너무 신경 쓰지 마세요.
· Please don't let it be me. 저 좀 내버려 두세요.
· Don't let it put you off. 당신을 방해하도록 내버려두지 마세요.

BASIC EXPRESSIONS 영 어 로 말 해 봐 !

☆ 제가 고기를 구울게요.

아일 그릴 썸 미트
I'll grill some meat.

☆ 제가 고기를 구울게요.

아일 브로일 썸 미트
I'll broil some meat.

☆ 제가 고기를 볶을게요.

아일 후라이 썸 미트
I'll fry some meat.

＊fry는 '튀기다'라는 뜻도 있다.

☆ 고기를 태우지 마세요.

돈 렛잇 버언
Don't let it burn.

☆ 생선 다듬을 수 있어요?

캔뉴 필릿 더 피쉬
Can you fillet the fish?

☆ 생선을 구워주세요.

브로일 더 피쉬
Broil the fish.

☆ 약한 불에서 요리해주세요.

Cook it on low.
쿠킷론 로우

☆ 냄비에 뚜껑을 덮어주세요.

Put the lid on the pot.
풋 더 리드 온 더 팟[폿]

☆ 새우에 튀김옷을 입혀주세요.

Dip the shrimp in batter.
딥 더 쉬림프 인 배러

☆ 당신은 달걀 삶아 줄래요?

Can you boil the eggs?
캔뉴 보일 더 에그즈

＊ Break the eggs. 달걀 깨주세요.

- **grill, broil** (그릴이나 석쇠에) 굽다
- **let** ~시키다
- **burn** 태우다
- **fillet** (생선을) 다듬다
- **fish** 생선
- **on low** 약한 불로
- **lid** 뚜껑
- **pot** 냄비
- **dip** 담그다
- **shrimp** 새우
- **batter** 밀가루, 달걀, 물을 섞어 만든 튀김옷
- **break** 깨다

CHECK-POINT 회 화 를 위 한 영 문 법

1. grill

그릴, 오븐 등으로 고기를 전체적으로 불로 굽다.

2. broil

마른 오징어처럼 불로 겉만 살짝 굽다.

3. fry

프라이팬을 사용해서 튀기거나 볶다.

요리와 관련된 표현은 레시피(recipe, 조리법)는 재료(ingredient)의 종류와 요리사(cook, chef)의 성향에 따라 달라지므로 유의해야 한다.

- dress food 음식을 조리하다
- stir-fry meat 고기를 볶다
- fix[mix] a salad 야채를 버무리다
- blanch[parboil] vegetables in boiling water 끓는 물에 데치다
- broil fish 생선을 굽다
- fry fish 생선을 튀기다

Unit 5 식사를 권할 때 (1)

서양 레스토랑에서 지켜야 할 테이블 매너는 첫째, 큰 핸드백은 의자에 걸지 말고 의자 오른쪽에 둔다. 웨이터가 왼쪽으로 서비스하기 때문이다. 둘째, 와인 잔은 목 부분을 살짝 잡는다. 셋째, 포크와 나이프를 사용할 때 팔이 너무 들리지 않게 한다. 넷째, 식사 중엔 나이프와 포크를 팔(八)자로 걸쳐놓는다. 다섯째, 식사가 끝나면 접시의 우측 아래에 포크와 나이프를 나란히 놓는다.

CONVERSATION 실전에 활용하는 다이얼로그

A: Supper is ready!
B: I'm coming!

A: 저녁 드세요!
B: 지금 가요!

A: I don't feel like eating.
B: Do you have a hangover?

A: 별로 먹고 싶지 않아요.
B: 숙취예요? (술 안 깼나요?)

Usage

I don't like it.은 자신의 기분이나 심정을 상대방에게 얘기할 때 유용한 표현법으로써 '그럴 기분이 아닙니다.'라는 의미로 쓰인다.
상대방의 요구나 요청에 대하여 자신의 반대 의사를 표명할 경우에는 〈I don't feel like -ing ~.(~하고 싶지 않습니다.)〉라는 패턴문형을 활용한다.

- I don't feel like eating alone. 혼자 밥 먹고 싶지 않아요.
- I don't feel like drinking beer. 술을 마시고 싶진 않아요.
- I don't feel like playing games. 놀 기분이 아닙니다.
- I don't feel like cracking a joke. 농담할 기분이 아닙니다.

 **BASIC EXPRESSIONS** 영 어 로 말 해 봐!

☆ 아침 먹읍시다! / 식사하세요!
_{브렉퍼스트 이즈 레디}
Breakfast is ready!

☆ 아침 식사 시간입니다!
_{잇츠 타임 훠 브렉퍼스트}
It's time for breakfast.

☆ 점심 먹어요!
_{런취 이즈 레디}
Lunch is ready!

☆ 저녁 드세요!
_{써퍼 이즈 레디}
Supper is ready!

☆ 저녁 다 준비됐어요.
_{디너 이즈 올모스트 레디}
Dinner is almost ready.

☆ 15분 후에 됩니다.
_{인 어바웃 휩틴 미닛츠}
In about 15 minutes.

☆ 배고파요.

아임　헝그리
I'm hungry.

☆ 식탁에 앉으세요.

씨랫　더　테이블
Sit at the table.

☆ 토스트가 탔어요.

더　토우스트　이즈　버언드
The toast is burned.

☆ 별로 먹고 싶지 않아요.

아이　돈　필　라익　이링[이팅]
I don't feel like eating.

＊ I don't usually eat breakfast. 아침밥은 거의 안 먹어요.

WORDS

- breakfast 아침식사
- lunch 점심식사
- supper 저녁식사
- about ~정도; 대략
- minute 분

- hungry 공복의, 배고픈
- toast 토스트
- be burned ~이 구워지다
- eat 먹다
- usually 일반적으로; 평소에

1. Breakfast is ready!

직역하면 "아침 식사 준비가 다 됐어요."인데 그냥 "밥 먹어! / 식사해!" 정도의 표현이다.

2. almost ready

직역하면 "거의 준비가 다 됐어요."라는 의미로서 Get ready!하면 "준비하세요!"이며, Ready! Go!는 "제자리에(준비)! 출발!"이라는 뜻으로 쓰인다.

3. Sit at the table.

'식탁(자리)에 앉아라.'라는 표현이다. 가령, Set the table!하면 "식탁을 차려라."라는 의미로 사용된다.

I'm coming!이라는 표현은 '(너한테) 당장 간다!' 라고 할 때 현재진행형을 활용하여 "곧 가요!"라는 뜻으로 쓰이는 관용 표현이다. 이 표현은 I will come at once.라는 뉘앙스가 담긴 표현법이다.
가령, 엄마에게 귀가했음을 알리는 표현에는 과거형을 쓰지 않고 Mom, I'm home.(엄마 다녀왔어요.)이라는 표현처럼 현재형을 사용한다.

A: What are you doing? It's already 7. 뭐 해? 벌써 7시야.
B: I'm coming. 지금 가는 중이야.

Unit 6 식사를 권할 때 (2)

동서양을 막론하고 식사를 함께 하는 행위는 상대가 누구든 간에 친밀한 관계를 유지하는 비결이다. 특히 영미인은 각자 부담하는 것에 익숙하므로 참고로 하자.
또한 더치페이, Dutch pay라는 말은 콩글리시(broken English)이고 Dutch treat.(비용을 각자 부담하는 식사)를 써야 한다. '더치페이하다'라는 말은 Go Dutch.라고 해야 한다.

  CONVERSATION 실 전 에 활 용 하 는 다 이 얼 로 그

A: Do you want more?
B: No, thanks.

A: 더 먹을래요?
B: 아니요, 됐어요.

A: Are you already done?
B: I'm full.

A: 벌써 그만 먹어요?
B: 배가 불러요.

Usage

상대방의 권유에 대하여 거절하거나 사양을 할 때 활용하는 표현으로 No, thanks.(아니요, 괜찮습니다.)를 사용한다. 고맙지만 사양한다는 어감이 담겨 있는데 I give you thanks a lot.라는 문장에서 thanks는 명사로써 쓰였다.

Q: Would you like some coffee? 커피 좀 드실래요?
A: No, thanks. 아니요. 괜찮습니다.

☆ 더 드시겠어요?

두 유 원트 썸 모어
Do you want some more?

☆ 샐러드 더 먹을래요?

두 유 원트 썸 모어 쎌러드
Do you want some more salad?

☆ 조금만요.

어 리틀 모어
A little more.

☆ 얼마나요?

하우 머취
How much?

☆ 이 정도로요? / 이 만큼요?

디스 머취
This much?

☆ 이 정도면 되나요?

이즈 댓 이너프
Is that enough?

☆ 그 정도면 됩니다.
댓츠   이너프
That's enough.

☆ 몇 개 더요?
하우 메니   모어
How many more?

☆ 다 먹었어요? / 다 먹었나요?
아 유   던
Are you done?

☆ 벌써 그만 먹어요? / 더 드세요?
아 유   얼레디   던
Are you already done?

☆ 배불러요?
아 유 풀
Are you full?

- salad 샐러드
- more 더
- a little more 좀 더
- enough 충분히
- already 벌써
- full 배가 부르다

 회화를 위한 영문법

1. Is that enough?

직역하면 "그것으로 충분합니까?"로 포만감이나 만족하는지 묻는 뉘앙스가 담겨 있다.

2. That's enough.

직역하면 "그것으로 충분합니다."의 뜻으로 사양할 때의 표현이다.

3. Are you done?

done은 do의 과거분사로써 '끝났다, 해결됐다'라는 의미이다. (= Are you finished?)

4. Are you already done?

벌써 식사를 종료했는지를 묻는 표현으로 '더 먹어라'라는 뉘앙스이다.

- **English Breakfast** : 잉글랜드[영국]식 아침식사로 시리얼, 베이컨과 달걀 요리, 토스트에 홍차나 커피를 곁들인 푸짐한 식사를 말한다.
- **Continental Breakfast** : 유럽식 아침식사로 보통 커피와, 버터와 잼을 바른 작은 빵으로 이루어져 있다. 커피, 홍차, 주스, 코코아, 우유 등의 음료와 버터나 잼을 곁들인 **Toast, Morning Roll** 등으로 구성된 간단한 아침식사를 말한다.
- **Supper** : 저녁(식사)을 의미하는데 **supper**는 그냥 일상적으로 집에서 늘 먹는 저녁식사 개념에 가깝고 **dinner**는 좀 특별히 잘 차려먹는 분위기의 저녁식사를 말한다.

Unit 7 음식에 대해 말할 때

영어로 입맛(taste, appetite)을 표현할 때는 주의할 점이 있다. 이 음식이 맛있다고 할 때 This food is good.이라고 하면 잘못된 표현이다. 올바른 표현은 This food tastes good. 또는 It's good.이라고 표현해야 한다.
비슷한 맥락에서 "추워요."는 표현은 I am cold.가 아니라 I feel cold. 또는 It's cold.라고 표현해야 한다.

CONVERSATION 실전에 활용하는 다이얼로그

A: Taste good?

B: Delicious!

A: 맛있습니까?

B: 너무 맛있어요!

A: Smells good.

B: I'm baking a cake.

A: 냄새가 좋군요.

B: 케이크 만들고 있어요.

Usage

〈Does it + 동사 + 형용사(보어) ~?(~한가요?/~하나요?)〉의 패턴문형에서 'Does it'이 생략된 형태이다. 과일이나 음식 따위를 먹은 후의 느낌을 묻는 표현으로 Does it taste good? (맛은 어떻습니까? / 맛이 좋습니까?)이 쓰인다.

- Does it cost extra? 추가 비용이 얼마나 듭니까? ※비용
- What does it cost per year? 1년에 얼마가 듭니까? ※비용
- How much does it cost? 값이 얼마입니까? ※가격

BASIC EXPRESSIONS 영어로 말해 봐!

☆ 맛있습니까?

테이스트 굿
Taste good?

☆ 그 음식은 맛있어요?

더즈 잇 테이스트 굿
Does it taste good?

☆ 맛이 어때요?

하우 더즈 잇 테이스트
How does it taste?

☆ 생각보다 맛있어요.

잇츠 베러 댄 아이 익스펙티드
It's better than I expected.

☆ 맛있어요.

잇츠 굿
It's good!

☆ 맛있어 보이는군요.

잇 룩스 굿
It looks good.

☆ 냄새가 좋군요.
Smells good.
스멜스 굿

☆ 써요.
It's bitter.
잇츠 비러[비터]

☆ 짜요.
It's salty.
잇츠 쏠티

☆ 매워요.
It's spicy.
잇츠 스파이씨

☆ 너무 달아요.
It's too sweet.
잇츠 투 스윗트

- taste 맛
- better 더 좋은
- expect 기대하다
- smell 냄새나다
- bitter 쓴
- salty 짠
- spicy 매운
- sweet 단

 CHECK-POINT 회 화 를 위 한 영 문 법

1. Taste good?

Does it taste good?에서 'Does it'이 생략된 형태이다.

2. ~ better than I expected

내가 생각하거나 기대했던 것보다 더 좋은 경우를 말하는 비교의 표현법이다.

3. It's spicy.

It's hot.과 같은 의미로 약간 맵거나 얼큰한 맛이 나고, 다소 강한 향신료를 첨가한 상태라는 것을 짐작할 수 있다.

일반적으로 양념을 seasoning이라고 하는데 영국에서는 condiment라고 하며, 또한 flavoring(조미료)나 spice(향신료)로도 양념의 의미로 사용하기도 한다. 우리가 알고 있는 화학조미료는 MSG(글루탐산 일나트륨, monosodium glutamate)라고 통칭한다.

- 단맛 : sweet flavor(= sweet taste)
- 신맛 : sour flavor(= acidic taste, sour taste)
- 쓴맛 : bitter flavor(= bitter taste)
- 짠맛 : salty flavor(= salty taste)
- 매운맛 : spicy flavor(= spicy taste, hot taste)
- 떫은맛 : puckery flavor(= puckery taste, astringent taste)

Unit 8 배가 고플 때

인간의 기본욕구로 하루 세 번 해결해야 하는 것이 식욕(appetite)이다. 그래서 배가 고프면(hungry) 뭐든지 맛있는(delicious) 법이라 "시장이 반찬이다.(Hunger is the best sauce.)"라는 속담도 있다. 단식투쟁은 hunger strike라고 한다.

 실전에 활용하는 다이얼로그

A: I'm hungry.
B: Dinner is almost ready.

A: 배고파요.
B: 저녁 준비 다 되었어요.

A: It looks good.
B: Do you think so?

A: 맛있게 보여요.
B: 그래요?

Usage

상대방의 말에 맞장구를 치는 표현(Appreciative expression)에는 여러 가지가 있다.

♣ 강한 부정의 응답을 할 때: No way! / Definitely not. / Absolutely not.

♣ 강한 긍정의 응답을 할 때: Definitely! / Absolutely! / Exactly!

♣ 긍정과 부정의 응답을 할 때:
　긍정 : Yes, I can. / Is that so? / So do I. / Yes, it is. 예. 그렇습니다.
　부정 : No, I can't. / No, it is not. / No, isn't it. 아니오, 그렇지 않습니다.

♣ 그밖의 동조하거나 공감할 때:
　You can say that again. / Do you think so?

 BASIC EXPRESSIONS 영어로 말해 봐!

☆ 배고파요.

아임 헝그리
I'm hungry.

☆ 배고파 죽겠어요.

아임 스타빙
I'm starving.

☆ 배가 고파 죽겠어요.

아임 패미쉬트
I'm famished!

☆ 정말 배가 고픕니다.

아임 리얼리 헝그리
I'm really hungry.

☆ 배고파 죽을 지경이에요!

아임 다잉 옵 헝거
I'm dying of hunger!

☆ 배가 고픕니다.

마이 스터먹 이즈 그라울링
My stomach is growling.

* growl은 개나 호랑이 따위의 동물이 '으르렁거리다'라는 뜻을 나타내는데 배가 고파서 위장에서 나는 소리 표현이다.

☆ 배가 고파요. 뭐 좀 먹으러 가죠.

마이 스터먹 이즈 럼블링 렛츠 그래버 바잇 투 잇
My stomach is rumbling. Let's grab a bite to eat.

☆ 맛있는 냄새가 납니다.

스멜스 굿
Smells good.

☆ 맛있게 보여요. / 맛있어 보이는군요.

잇 룩스 굿
It looks good.

WORDS

- hungry 배고픈
- starving 굶주리다 *starve(굶주리다)의 진행형
- famished 배고파 죽을 지경인
- really 정말로
- dying 죽어 가다 *die(죽다)의 진행형
- growling 으르렁거리는
- rumbling 우르릉거리는
- grab 붙잡다, 움켜쥐다
- look ~로 보이다
- good 맛있는

 회　　화　　를　　위　　한　　영　　문　　법

1. Smells good.

It smells good.에서 It가 생략된 형태이다.

2. My stomach is growling.

배가 너무 고프다는 표현으로써 앞에 I'm so hungry가 생략된 표현이다.

3. I don't really feel full.

직역하면 "정말로 배부른 느낌이 안 든다."로 full은 '배가 부르다'의 의미를 내포하는 표현이다.

배가 고파서 배에서 꼬르륵 소리가 난다고 할 때 쓰는 표현은 다음과 같다. growling은 동물이 으르렁거리는 소리를 표현하는 어휘이며, rumbling은 천둥이나 지진이 우르릉거리는 소리를 표현하는 어휘이다.

- I'm so hungry, my stomach is growling[rumbling].
 (= My stomach is rumbling[growling] with hunger.)
 너무 배고파서 배에서 꼬르륵 소리가 나요.

- The thunder[gunfire] is rumbling.
 천둥치는 소리가 우르릉 울려요.

Unit 9 식사할 때

우리가 흔히 쓰는 음식 이름에도 일본식 영어가 많으므로 주의가 요구된다. 가령, 카레라이스는 curry and rice, 오무라이스는 omelet over rice, 돈까스는 pork cutlets, 비프 커틀릿은 beef cutlets, 그리고 '토하다'는 overeat(과식하다)가 아니라 throw up이나 vomit이라고 한다.

 **CONVERSATION** 실 전 에 활 용 하 는 다 이 얼 로 그

A: Wait until it cools.
B: Okay.

A: 식을 때까지 기다려요.
B: 알았어요.

A: I don't like carrots.
B: Don't be picky.

A: 난 당근을 싫어해요.
B: 편식하지 마세요.

Usage

〈Don't be + 형용사 ~(~하지 마라.)〉는 대표적인 부정명령문으로써 부탁이나 충고할 때 '금지'를 나타내는 패턴문형이다. 물론 보다 '금지'를 강하게 표현하려면 〈Never ~〉라는 표현을 사용하면 된다. 또한 〈You shouldn't ~〉이나 〈You must not ~〉을 활용하기도 한다.

- Don't be rude. 무례하게 굴지 마라.
- Don't be silly. 어리석게 굴지 마라.
- Don't be afraid. 겁내지 마라.
- Don't be so negative. 비관하지 마라.

 **BASIC EXPRESSIONS** 영　어　로　말　해　봐　!

☆ 식을 것 같아요. / 식겠어요.
잇　마잇　겟　콜드
It might get cold.

☆ 녹을 것 같아요. / 녹겠어요.
잇　윌　멜트
It will melt.

☆ 아직 뜨거워요.
잇츠　스틸　핫
It's still hot.

☆ 조심해요, 뜨거워요.
비　케어펄　잇츠　핫
Be careful, it's hot.

☆ 식을 때까지 기다려요.
웨잇　언티릿　쿨스
Wait until it cools.

☆ 쏟을 것 같아요. / 쏟겠어요.
유　마잇　스피릿
You might spill it.

☆ 쏟지 마세요.
Don't spill it.

☆ 꼭꼭 잘 씹어요.
Chew it well.

☆ 한번에 조금씩 먹어요.
Eat a little bit at a time.

☆ 천천히 먹어요.
Take your time eating.

☆ 편식하지 마세요.
Don't be picky.

- cold 차가운
- hot 뜨거운
- cool 식다
- spill 쏟다

- chew 씹다
- a little bit 조금씩
- at a time 한 번에
- picky 까다로운

 회 화 를 위 한 영 문 법

1. It will melt.

아이스크림 등이 녹을 것 같은 상황에 사용한다.

2. You might spill it.

might는 '~할지도 모른다'는 의미로 회화에서는 '~될 지도 모르니까 조심하라'는 표현이다.

3. Don't be picky.

"편식하지 마라."라는 표현이다. picky는 '좋아하는 것만 먹는다'는 의미이다.

현대 사회에서 가장 문제되는 것은 과식으로 인한 과체중(overweight)이다. 영어로 '편식'을 ill balanced feeding, deviated food habit이라고 표현하는데 unbalanced diet(식습관으로 인한 불균형)과는 의미상 조금의 차이가 있다.

　🔹 편식하지 마라(Don't pick ~)의 표현법
- Don't pick at your food.
- You should not be a picky eater. (= You must have a balanced diet.)

　🔹 과식하지 마라(Don't overeat ~)의 표현법
- Don't overeat yourself.
- You shouldn't overeat. ※You must not overeat.
  ※Overeating is one of the main causes of obesity. 과식은 비만의 주요 원인 중 하나입니다.

Unit 10 후식을 권할 때

일반적으로 후식을 dessert라고 하는데 음료에 관해서도 정식 영어 표현을 사용해야 의미가 통할 수 있다. 가령, 아이스커피는 iced coffee, 사이다는 sprite; seven up, (커피) 프림은 cream, 그리고 블랙커피(black coffee)는 그대로 통용되는 표현이다. 설탕을 넣은 블랙커피는 black coffee with sugar라고 한다.

 **CONVERSATION** 실 전 에 활 용 하 는 다 이 얼 로 그

A: Would you like something to drink?
B: I'd like a cup of coffee.

A: 뭐가 마실래요?
B: 커피 한 잔 주세요.

A: Coffee wakes me up.
B: Yes, indeed.

A: 커피 마시니까 잠이 깨네요.
B: 정말 그래요.

Usage

상대방에게 음식이나 음료수 따위를 주문할 때 "~를 주세요."라고 부탁할 때는 〈I'd like + 명사 ~〉와 같은 패턴문형을 활용하곤 한다. 물론 기본 표현인 〈I want + 명사 ~〉라는 문형도 편리하게 활용되고 있다.

♣ 〈I'd like + 명사 ~〉의 표현법
- I'd like something to drink. 음료수 좀 주세요.
- I'd like the same. 같은 걸로 주세요.

♣ 〈I want + 명사 ~〉의 표현법 *~를 원합니다.
- I want a second-hand. 중고품으로 주세요.
- I want a short look. 짧은 머리로 해주세요.

☆ 뭔가 좀 마실래요?
우쥴   라익   썸씽   투   드링크
Would you like something to drink?

☆ 저는 커피 한 잔을 마시고 싶어요.
아이드   락이커   커뽑   카피
I'd like a cup of coffee.

☆ 저는 우유 한 잔을 마시고 싶어요.
아이   워너   커뽑   밀크
I want a cup of milk.

☆ 제가 커피를 탈게요.
아일   메익   썸   카피
I'll make some coffee.

☆ 커피 마시니까 잠이 깨네요.
카피   웨익스   미   업
Coffee wakes me up.

☆ 우유 넣으시겠어요?
두   유   테익   밀크
Do you take milk?

⭐ 설탕 넣으시겠어요?

두   유   테익   슈거
Do you take sugar?

⭐ 냉장고에서 오렌지주스 좀 꺼내주세요.

겟더   오린쥐 쥬스   아우롭   더   프리쥐
Get the orange juice out of the fridge.

⭐ 유리컵에 오렌지주스를 따르세요.

푸어   디   오린쥐   쥬스   인   유어   글래스
Pour the orange juice in your glass.

⭐ 머그컵에 우유를 따르세요.

푸어   밀크   인   유어   머그
Pour milk in your mug.

⭐ 우유 좀 더 마실래요?

두   유   원트   모어   밀크
Do you want more milk?

- a cup of 한 잔의
- milk 우유
- wake up 눈을 뜨다, 잠깨다
- orange juice 오렌지주스
- get out of ~에서 꺼내다
- fridge 냉장고 *refrigerator의 구어체 줄임말
- pour 따르다, 붓다
- mug 머그컵

 회　　화　　를　　위　　한　　영　　문　　법

1. Would you like something to drink?

"음료수 좀 드실래요?"라는 정중한 표현이다.

2. I'd like ~

⟨I want ~⟩와 같은 의미이지만 ⟨I'd like ~⟩가 훨씬 정중하고 품위 있는 표현이므로 일상 회화에 자주 사용한다.

3. Do you take milk?

take는 use와 같은 의미로 사용된다.

흔히 식사를 하기 전에 먹는 것을 appetizer라고 하며, 식사를 한 다음에 먹는 것을 dessert [디저트]라고 한다. 정식의 코스는 appetizer [에피타이저] – entree [앙트레이] – main food [메인 푸드] – dessert [디저트] 등의 순서로 제공된다.

💬 디저트는 뭐예요?

- What's for dessert?
- What's for pudding?
- What kind of dessert do you have?

Unit 11 식사 후에 뒷정리할 때

식사는 즐거운 일이지만 먹고 나면 정리를 해야 한다. 접시를 닦는 설거지는 do the dishes라고 하지만 wash 동사를 써도 무방하다. rinse는 모발을 헹구거나 쌀을 씻을 때에도 쓰지만 설거지의 마무리에도 사용된다.

 CONVERSATION 실 전 에 활 용 하 는 다 이 얼 로 그

A: What are you doing?
B: I'm doing the dishes.

A: 뭐 하고 있어요?
B: 설거지 하고 있어요.

A: Help me do the dishes.
B: I'll do it later.

A: 설거지를 좀 도와주세요?
B: 나중에 제가 할게요.

Usage
정중히 도움을 '제의'할 때 쓰는 표현으로 구어체에서는 사역동사를 활용하여 allow me 혹은 let me라는 표현을 즐겨 쓰는 편이다. 〈I'll do ~〉라는 표현은 "제가 ~할게요."의 뜻으로 쓰이는데 자신의 '의지'가 내포된 표현으로써 〈I'd like to ~〉라는 표현도 사용된다.

♣ 자신을 소개하고자 할 때의 표현법: 제 소개를 하겠습니다.
- Let me introduce myself.
- I'd like to introduce myself.
- Allow me to introduce myself.

BASIC EXPRESSIONS 영어로 말해 봐!

⭐ 함께 식탁을 치웁시다.
렛츠 클리어 더 테이블
Let's clear the table.

⭐ 오늘은 제가 식탁을 치울게요.
아일 클리어 더 테이블 투데이
I'll clear the table today.

⭐ 접시를 정리해 주세요.
풋 더 디쉬스 어웨이
Put the dishes away.

⭐ 테이블 위를 치워 주세요.
클리넙 더 테이블
Clean up the table.

⭐ 모두 치워 주세요.
풋 에브리씽 어웨이
Put everything away.

⭐ 저쪽으로 옮기는 것 좀 도와줄래요?
캔뉴 헬프 미 테익 뎀 오버 데어
Can you help me take them over there?

일상영어회화 첫걸음 끝장내기2   107

☆ 그거 주방으로 옮겨 주세요.

캐리 뎀 투 더 키친
Carry them to the kitchen.

☆ 설거지를 해주세요.

두 더 디쉬스
Do the dishes.

☆ 설거지 좀 도와주세요.

헬프 미 두 더 디쉬스
Help me do the dishes.

☆ 설거지하고 있어요. / 설거지하는 중이에요.

아임 두잉 더 디쉬스
I'm doing the dishes.

☆ 그릇을 헹궈 주세요.

린스 더 디쉬스
Rinse the dishes.

- dish 접시, 그릇
- put away 치우다, 정리하다
- clean up 정리하다
- everything 모두, 전부
- carry 옮기다
- kitchen 주방
- rinse 헹구다

1. clear the table

식탁 위의 불필요한 물건을 치우다

2. Can you help me ~?

누군가에게 도움을 요청할 때의 표현으로써 구어에서는 앞의 Can you를 생략하여 Help me ~?라고 표현하기도 한다.

3. do the dishes

여기서 do는 '처리하다'라는 의미이므로 '설거지하다'라는 표현이다.

누군가로부터 심부름이나 다른 부탁을 받았을 때 응답하는 표현으로써 '~하는 중이다'라는 뜻의 〈I am –ing ~〉이라는 표현이 있는데, 그 외에도 다양하게 표현할 수 있다.

I'm just trying to ~
- I'm just trying to figure this out. 그것을 알아보는 중입니다.

I'm in the middle of -ing
- I'm in the middle of doing something. 다른 일을 하는 중입니다.

I'm working on ~
- I'm working on it. 일하는 중입니다.

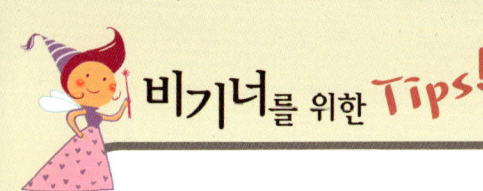

가족·친척의 명칭

한국인들은 결혼을 하면 자신의 이름을 그대로 사용하지만 서양인들은 남편의 이름을 따르게 되어 있다. 따라서 결혼을 통하여 맺어진 가족관계에는 어김없이 in-law가 따라붙게 되는데 '법률상으로, 법률상의'라는 의미가 된다.

단어	발음	뜻	단어	발음	뜻
grandmother	그랜마더	할머니	grandfather	그랜파더	할아버지
mother	마더	어머니	father	파더	아버지
wife	와이프	아내	husband	허즈번드	남편
aunt	앤트	숙모	uncle	엉클	숙부
aunt	앤트	이모	uncle	엉클	삼촌
brother	브라더	오빠(형)	elder sister	엘더 시스터	언니(누나)
brother	브라더	남동생	little sister	리틀 시스터	여동생
daughter	도러	딸	son	썬	아들
nephew	네퓨	조카	cousin	커즌	사촌
child(children)	차일드(칠드런)	아이(아이들)	grandchild	그랜차일드	손자
parents-in-law	페어런츠인로우	시부모	parents	페어런츠	부모
father-in-law	파더인로우	시아버지	mother-in-law	마더인로우	시어머니
brother-in-law	브라더인로우	시숙	sister-in-law	시스터인로우	시누이
son-in-law	썬인로우	사위	daughter-in-law	도러인로우	며느리

Chapter 4

집안일

예로부터 '집안일은 하면 할수록 늘어난다'는 말이 있듯
식사, 청소, 세탁, 그리고 정리정돈 뿐만 아니라 집안관리 모두가 일인 셈이다.

Unit 1 청소할 때

clean up은 '청소하다' '말끔히 쓸어버리다'라는 뜻인데 도박판에서 패를 전부 가져가면 '싹쓸이'라고 하고, 야구에서도 주자들을 모두 깨끗이 불러들인다는 뜻에서 4번 타자를 cleanup spot(slot)이라고 부르며, 또 3·4·5번 타자를 cleanup trio라고 한다.

   CONVERSATION 실 전 에 활 용 하 는 다 이 얼 로 그

A: Can you help me?
B: What can I do?
A: Clean the sink.

A: 저 좀 도와줄래요?
B: 뭘 하면 좋을까요?
A: 싱크대를 청소해주세요.

A: Clean up your room.
B: I'll do it tomorrow.

A: 네 방을 청소하세요.
B: 내일 할게요.

Usage

서비스 관련 직종에 몸담고 있는 사람이라면 고객에게 먼저 인사할 때 Hello! / Welcome! / How are you?와 같은 인사말 말고도 May I help you?(어서 오십시오!), What can I do for you?(무엇을 도와드릴까요?)라는 표현을 하게 되는데, 이에 대체되는 표현법이 아래와 같은 표현이다.

- Can I do anything for you?
- How may I help you?
- What am I helping you do?
- Do you need some help?

BASIC EXPRESSIONS 영 어 로 말 해 봐 !

☆ 청소할 시간입니다.
　　타임　투　　크리넙
Time to clean up.

☆ 네 방을 청소하세요.
　　크리넙　　유어　　룸
Clean up your room.

☆ 집 청소 좀 도와주세요.
　헬프　미　　크리넙　더　　하우스
Help me clean up the house.

☆ 아직 할 일이 많아요.
　데어즈　얼라럽　　씽스　투　두
There's a lot of things to do.

☆ 저 좀 도와줄래요?
　캔뉴　　헬프　미
Can you help me?

☆ 바닥을 청소하세요. / 바닥을 쓸어주세요.
　스윕　더　플로어
Sweep the floor.

☆ 테이블 좀 닦아주세요.

와입 더 테이블
Wipe the table.

☆ 욕조를 닦아주세요.

스크럽 더 배쓰터브
Scrub the bathtub.

☆ 싱크대를 청소해주세요.

클린 더 씽크
Clean the sink.

☆ 대걸레질 좀 해주세요.

맙 더 플로어
Mop the floor.

☆ 걸레 좀 짜주세요.

링 아웃 더 래그
Wring out the rag.

- clean up 청소하다
- sweep 치우다
- wipe 닦다
- floor 바닥
- scrub 깨끗하게 문질러 닦다
- bathtub 욕조
- sink 싱크대
- mop 대걸레
- rag 걸레
- wring 비틀다

 회 화 를 위 한 영 문 법

1. clean up.

clean up은 집이나 방 따위를 청소하거나 식탁 위의 불필요한 물건을 치울 경우에도 사용되는 표현이다.

2. There's ~

'~가 있다'는 표현이다. there는 부사로써 형식상의 주어 이므로 진주어가 단수인지 복수인지에 따라 There(is/are) ~도 활용된다.

3. wring out

'물을 짜내다'라는 표현으로써 wring은 '비틀다'이므로 젖은 빨래를 비틀어 '물기를 out 시키다'가 된다.

There's ~와 There're ~라는 패턴문형은 '존재의 유무'를 밝힐 때에도 활용되지만 주로 '길 안내'를 할 경우에도 활용되곤 한다. 또한 Here is ~나 Here are ~도 유사한 표현법으로 쓰인다.

💬 〈There's ~ / There're ~〉의 표현법

- There is some good news for you. 너한테 좋은 소식이 있어요.
- There are four in my family. 저희 가족은 4명입니다.

💬 〈Here is ~ / Here are ~〉의 표현법

- Here is your change. 거스름돈입니다.
- Here are your books. 이건 당신의 책입니다.

Unit 2 정리정돈을 할 때

'방을 정리하다'라는 표현은 set the room in order라고 표현한다. '원래의 자리에 갖다 두다'는 put ~ back이라고 하고, 걸레로 닦을 경우는 wipe off 동사를 쓴다. '언제나 깨끗이 하다'는 keep ~ tidy라고 한다.

CONVERSATION 실 전 에 활 용 하 는 다 이 얼 로 그

A: Put it away if you're done.
B: I'm not done yet.

A: 일 끝났으면 정리하세요.
B: 아직 안 끝났어요.

A: Vacuum your room.
B: I did it last week.

A: 청소기로 당신 방을 청소하세요.
B: 지난주에 했어요.

Usage

do it은 '해내다, 처리하다'라는 뜻으로써 명령형에 주로 사용되는데 비해, 과거의 사실이나 경험을 나타낼 경우에는 did it이라고 표현하면 된다. 가령, make it이나 get it, try it 등도 유사한 용법으로 활용하면 된다.

♣ 명령형(do it)의 표현법
- Do it yourself. 스스로 해라. / Do it right away! 당장 하세요!
- Do it just as you please. 좋으실대로 하세요.

♣ 서술형(did it)의 표현법
- I did it by accident. 우연히 그렇게 했어요.
- I did it my way. 제 방식대로 처리했어요.

BASIC EXPRESSIONS 영어로 말해봐!

☆ 그것 좀 정리하세요!
피키럽
Pick it up.

☆ 장난감 좀 치워주세요!
푸츄어 토이즈 어웨이
Put your toys away.

☆ 일 끝났으면 정리하세요.
푸리러웨이 이프 유어 던
Put it away if you're done.

☆ 그거 바로 정리하세요!
풋 뎀 어웨이 나우
Put them away now!

☆ 정말 지저분하네요.
잇츠 쏘 메씨
It's so messy.

☆ 어질러진 거 치워주세요.
클리넙 더 메스
Clean up the mess.

☆ 휴지통에 버려주세요.
Throw it away in the wastebasket.

☆ 청소기 좀 가져다주세요.
Bring me the vacuum cleaner.

☆ 카펫 좀 청소기로 청소해주세요.
Vacuum the carpet.

☆ 청소기로 당신 방을 좀 청소하세요.
Vacuum your room.

☆ 의자 좀 정리해주세요.
Take care of the chair.

WORDS

- pick up 줍다, 모으다
- put away 정리하다
- messy 지저분한
- throw away 버리다
- wastebasket 휴지통
- vacuum cleaner 청소기
- vacuum 청소기로 청소하다
- move 치우다, 움직이다

 **CHECK-POINT** 회 화 를 위 한 영 문 법

1. Pick it up.

pick up은 '줍다, 모으다'의 뜻으로 어질러져 있는 휴지를 주워서 '정리하다'라는 의미이다.

2. Clean up the mess.

mess는 '엉망진창, 무질서, 혼란상태' 등을 말한다.

3. Take care of the chair.

〈take care of ~〉는 '~의 정리를 하다'는 의미이다. 이 경우는 '의자를 원래 장소에 정리하다'는 뜻으로 쓰였다.

우리가 알고 있는 '돌보다, 신경 쓰다'라는 뜻의 **take care of**는 '사람'이나 '동물'에 국한되는 표현이라고 인식할 수도 있지만 **take care of somebody** 외에도 **take care of something**이라는 표현도 널리 활용되고 있다.

💬 take care of somebody의 표현법
- Take care of yourself. 몸조심하세요.
- Take care of your family. 네 가족이나 돌봐라.

💬 take care of something의 표현법
- I'll take care of that right away. 곧바로 처리해드리도록 할게요.
- The company will take care of the taxes. 세금은 회사에서 처리해 줄 겁니다.

Unit 3 쓰레기를 처리할 때

쓰레기에도 종류가 있다. 음식물 쓰레기는 garbage라고 하고, 종이, 빈병 등은 rubbish 또는 trash라고 한다. 배설물, 폐기물은 waste이고, 쓰레기 분리 규정은 trash separation rules라고 한다.

영어로 '쓰레기 분리수거'를 trash separate (collection)이라 표현하며, '음식물 분쇄기'는 garbage disposal(waste disposer, garbage disposer) 또는 garbage compactor라고 표현한다.

 **CONVERSATION** 실 전 에 활 용 하 는 다 이 얼 로 그

A: Bundle the old newspapers.
B: How?

A: 재활용 신문을 묶어주세요.
B: 어떻게요?

A: Can you take out the garbage?
B: Sure.

A: 쓰레기 좀 버려 줄래요?
B: 물론이죠.

Usage

영어로 take out은 어떤 공간 밖으로 '배출하다'라는 의미로 쓰이며, take-out은 커피나 햄버거, 피자 따위를 '싸가지고 가다'는 뜻으로 쓰이는데 "포장해주세요."라는 표현으로 To go.라는 표현을 사용한다.

♣ 드시고 갈래요? 싸가지고 갈래요?
- (For) Here or to go? ※(Will you be to go?) + (Will you be eating here?)
  ※이에 대한 응답으로는 To go, please!(싸주세요!)와 For here!(먹고 갈게요!)로 하면 된다.

♣ 나한테 화내지 마세요.
- Don't take it out on me.   · Don't take out your anger on me.

BASIC EXPRESSIONS 영어로 말해봐!

☆ 쓰레기봉투 사오는 거 잊지 마세요.

리멤버 투 피컵 썸 가비쥐 백스
Remember to pick up some garbage bags.

☆ 쓰레기봉투 좀 가져오세요.

브링 미 더 가비쥐 백
Bring me the garbage bag.

☆ 쓰레기봉투 묶었어요?

디 쥬 클로즈더 가비쥐 백
Did you close the garbage bag?

☆ 재활용 신문을 묶어주세요.

번들 디 올드 뉴스페이퍼즈
Bundle the old newspapers.

☆ 쓰레기와 재활용품을 분리해주세요.

쎄퍼레잇 더 리싸이커블즈 후럼 더 가비쥐
Separate the recyclables from the garbage,

플리즈
please.

☆ 분리수거 좀 해주세요.

쎄퍼레잇 컬렉팅 플리즈
Separate collecting, please.

☆ 쓰레기 좀 버려주세요.
Take out the garbage.

☆ 쓰레기 좀 버려줄래요?
Can you take out the garbage?

☆ 쓰레기 좀 버려줄래요?
Will you take out the trash?

- garbage bag 쓰레기봉투
- bundle 묶다
- old 낡은
- newspapers 신문
- separate 분리하다
- recyclable 재활용할 수 있는
- take out 밖에 내놓다
- garbage 쓰레기

CHECK·POINT 회　화　를　위　한　영　문　법

1. Bring me ~

'나에게 ~를 가져오세요'라는 뜻으로 사용된다.

2. Can you ~?

더 정중하게 말하고 싶을 때는 〈Could you ~?〉 패턴을 쓴다.

3. take out

어떤 공간 밖으로 배출한다는 의미로 쓰여지며, 영어로 take-out은 커피나 햄버거, 피자를 싸가지고 간다는 의미로 사용된다. Don't take it out on me.은 "나한테 화풀이하지 마세요."라는 관용표현이다.

4. Separate collecting, please.

이러한 표현은 You should separate collecting, please. 혹은 Could you separate collecting, please.으로 대체할 수 있다.

〈Bring me ~.〉라는 패턴문형은 "나한테 ~ 좀 가져와라."라는 표현을 활용할 때 사용되는 표현이다. 동사 bring이나 get은 '가져오다'라는 뜻으로 쓰이므로 take(가져가다)와 반대의 의미로 활용된다.

- Don't forget to bring your books with you. 책 가져오는 거 잊지 마세요.
- Please bring your identification. 신분증을 가져오세요.
- Get me a glass of water. 물 한잔 가져다주세요.
  ※Take your umbrella (along) with you. 우산을 가져가세요. ※비올 예정이므로

Unit 4 정원을 손질할 때

국토가 넓은 미국에선 정원사(gardener)를 고용하여 멋진 정원을 관리하는 집이 많다. '잔디를 심다'는 turf이고, 제초제는 weedkiller라고 한다.
흔히 일반용 가위는 scissors라고 하는데 '전지용 가위'는 pruning shears라고 한다.

CONVERSATION 실전에 활용하는 다이얼로그

A: Let me help you.

B: Can you mow the lawn?

A: 제가 뭘 좀 도와드릴까요?
B: 잔디 좀 깎아줄래요?

A: Turn the soil.

B: What are you going to plant?

A: 땅 좀 파주세요.
B: 뭐 심을 건데요?

Usage
상대방에게 도움을 줄 경우에도 무턱대고 행할 것이 아니라 허락이나 양해를 구한 다음에 도와주어야 하므로 May I help you?라는 표현을 주로 활용하는데 Let me help you. / I'd like to help you.와 같은 표현도 자주 사용한다. 가끔 도움을 요청하는 (Can you) Help me?(저를 좀 도와주실래요?)와 혼동을 할 때도 있으므로 주의해야만 한다.

· Do you need any help from me? 무엇을 도와드릴까요?

BASIC EXPRESSIONS   영   어   로   말   해   봐   !

☆ 정원 손질을 해야 해요.

아이 햅투   워콘   더   가든
I have to work on the garden.

☆ 정원에 잡초를 뽑아야 해요.

아이 햅투   위드   더   가든
I have to weed the garden.

☆ 메리는 정원에서 일을 하고 있어요.

메리 이즈   워킹   인   더   야드
Mary is working in the yard.

☆ 정원에 물 좀 주세요.

워터   더   가든
Water the garden.

☆ 꽃에 물 좀 주세요.

워터   더   플라워스
Water the flowers.

☆ 낙엽을 긁어모으세요.

레이크   더   리브즈
Rake the leaves.

☆ 잔디 좀 깎아줄래요?

캔뉴　　모우　　더　　론
Can you mow the lawn?

☆ 풀 좀 깎아줄래요?

캔뉴　　모우　　더　　글래스
Can you mow the grass?

☆ 해충 피해가 있는지 봐주세요.

체크　더　함　던　바이　인섹츠
Check the harm done by insects.

☆ 화분 좀 가지고 오세요.

브링　미　더　플라워　팟
Bring me the flower pot.

☆ 땅을 뒤집어 주세요.

턴　더　쏘일
Turn the soil.

- weed 잡초를 뽑다
- rake 긁어모으다
- mow 베다
- lawn 잔디
- harm done by insects 해충의 피해를 입다
- flower pot 화분
- turn 땅을 뒤집어 엎다, 땅을 파다
- plant 심다

CHECK-POINT 회　화　를　위　한　영　문　법

1. work on the garden

'정원에서 일을 하다'라는 의미는 '정원 손질을 하다'라는 뉘앙스로 활용된다.

2. leaves

leaf(잎, 꽃잎)의 복수형. 여기서는 '낙엽'이라는 뉘앙스로 사용된다.

3. the harm done ~

'~의 피해를 입다'라는 표현으로 널리 활용된다. do damage는 '해를 입히다, 피해를 끼치다'라는 의미로 쓰인다.

영어적인 사고에 의한 영어다운 표현은 결국 표현의 다양성과 영어의 함축성에서 나온다. the harm done이라는 표현을 제대로 알지 못하고 어떻게 그냥 외운다고 해결되겠는가! 이 표현은 the harm (which is) done에서처럼 which is가 생략된 표현임을 이해하면 금방 해결될 것이다.

가령, the damage done to the environment도 마찬가지이다. 앞에 the를 붙여주어 보다 구체적이고 한정적인 harm이나 damage를 나타내는 것이다.

· You must repair the harm done. 당신이 끼친 피해를 배상해야 한다.

Unit 5 정원에 꽃이 피었을 때

아름다운 꽃은 누구나 좋아하고 꽃을 바라보면 마음이 편안해진다. 인생이 잘 풀리는 것을 꽃이 피는 것에 비유하는 것은 동서양이 마찬가지다. 그래서 늦게 인생이 피는 대기만성형의 사람을 late bloomer라고 한다.
일반적으로 '꽃향기'는 smell of the flowers라고 표현하는데, 그럼 '장미꽃 향기'는 어떻게 표현할까? 바로 scent of a rose라고 하면 된다.

CONVERSATION 실전에 활용하는 다이얼로그

A: The roses have bloomed.
B: It's beautiful.

A: 장미가 피었어요.
B: 아름다워요.

A: Wow, so many flowers!
B: Don't go into the flower bed.

A: 어머나, 꽃이 참 많아요!
B: 화단에 들어가면 안 돼요.

Usage

상대에게 '금지'를 나타내는 명령형 표현에는 〈Don't + 동사원형 ~(~하지 마라.)〉의 패턴문형을 활용하는데 〈Don't forget to ~(~하는 걸 잊지 마라.)〉와 같은 표현도 널리 활용되고 있다.

♣ 〈Don't go into ~(~에 들어가지 마라.)〉의 **표현법**

- Don't go into the water without a life jacket.
  구명조끼 없이 물에 들어가지 마라.
- Don't go into the woods by yourself. 혼자 숲 속에 들어가지 마라.
- Don't go into the mud, never again. 진흙에 다시는 들어가지 마라.

BASIC EXPRESSIONS 영 어 로 말 해 봐 !

☆ 이 꽃은 뭐라고 부르죠?

왓   두   유   콜   디스   플라워
What do you call this flower?

☆ 장미가 피었어요.

더   로지스   해브   블룸드
The roses have bloomed.

☆ 저 많은 꽃들 좀 보세요.

루게럴   더   플라워스
Look at all the flowers.

☆ 어머나, 꽃이 참 많아요!

와우   쏘   메니   플라워스
Wow, so many flowers!

☆ 귀엽죠? / 예쁘죠?

이즈닛   프리티
Isn't it pretty?

☆ 아름다워요. / 아름답군요.

잇츠   뷰리플[뷰티풀]
It's beautiful.

☆ 정말 아름답군요!

댓처　뷰리플　씽
That's a beautiful thing!

☆ 냄새가 너무 좋군요!

하우　굿　데이　스멜
How good they smell!

☆ 당신에게서 꽃향기가 나는군요.

유　스멜　라익　프레그런트　플라워즈
You smell like fragrant flowers.

☆ 화단에 들어가지 마세요.

플리즈　킵　옵　더　플라워　베즈
Please keep off the flower beds.

＊ keep off / keep out of 들어가지 마라

- look at 보다
- rose 장미
- flower 꽃
- Wow! 어머나!
- many 많은
- beautiful 아름다운
- fragrant 향기로운
- flower bed 화단

1. Isn't it pretty?

직역하면 "귀엽지 않아요?"이지만 "귀엽네요. / 귀엽죠?"라는 뉘앙스이다.

2. How good they smell!

they는 향기로운 주체인 flowers를 가리킨다.

3. Please keep out of the flower beds.

영어로 '화단'을 flower beds라고 하며, '꽃밭'은 flower garden이라고 표현한다.

감탄문을 만드는 어법은 크게 두 가지로 압축되는데 'how 감탄문'과 'what 감탄문'으로 나뉜다. 감탄문은 '놀람, 기쁨, 슬픔' 등의 감정을 표현하는 어법으로써 구어체에서는 〈주어 + 동사〉를 생략한 상태로 표현하곤 한다.

💬 〈How + 형용사/부사 + 명사(주어 + 동사)!〉의 감탄 표현법

- How nice(the car is)! (그 차가) 멋지군요! ＊How wonderful!
- How beautiful(flowers are)! (꽃들이) 정말 아름답군요!

💬 〈What + a/an + 형용사 + 명사(주어 + 동사)!〉의 감탄 표현법

- What a surprise(the news is)! (그 뉴스는) 정말 놀랍군요!
- What a nice view(it is)! (그것은) 정말 멋진 경치군요!

Unit 6 세차할 때

흔히 주유소를 gas station 혹은 gasoline stand라고 하는데 영국에서는 petrol station이라고도 한다. 그리고 세차장을 car wash라고 하는데 셀프주유소는 DIY[do-it-yourself] car wash라고 부른다.

자동세차(automatic car wash)를 하려면 운전대를 맞추고 기어를 중립(neutral)이나 정지(stop)에 놓고 기다려야 한다.

 CONVERSATION 실전에 활용하는 다이얼로그

A: Wipe off the dashboard.

B: It's so dusty.

A: 계기판 좀 닦아주세요.
B: 먼지가 너무 많네요.

A: Wash the car.

B: Why me?

A: 세차해 주세요.
B: 왜 하필 나예요?

Usage

주유소나 세차장에서 고객에게 차량의 세차를 맡길 것인지의 여부를 묻는 표현으로 Get your car washed.라고 하는데 이 표현은 We can get your car washed for you.라는 표현에서 앞의 〈주어 + 동사〉를 생략하고, 뒤의 for you를 생략한 편리한 표현법이다. 그밖에도 We wash your car for you.와 같은 표현도 널리 활용된다.

- (먼지를) 털다, 제거하다 : dust
- (물기를) 닦다, 훔치다 : wipe
- (물을) 뿌리다 : sprinkle
- (에어로) 불다 : blow
- (왁스로) 광내다 wax ※waxed(왁스로 입히다) : 수동형을 활용

BASIC EXPRESSIONS 영 어 로 말 해 봐 !

☆ 세차해 주세요.
　　와쉬　　더　　카
Wash the car.

☆ 세차하는 게 어때요?
　와이　　돈츄　　와쉬　유어　카
Why don't you wash your car?

☆ 창문이 더러워요.
　　더　　윈도우즈　　아　더리[더티]
The windows are dirty.

☆ 안쪽 창문을 깨끗이 닦아주세요.
　와쉬　디　인싸이롭　더　윈도우즈
Wash the inside of the windows.

☆ 바깥쪽 창문을 깨끗이 닦아주세요.
　와쉬　더　아웃싸이롭　더　윈도우즈
Wash the outside of the windows.

☆ 계기판 닦아주세요.
　와이폽　더　대쉬보드
Wipe off the dashboard.

☆ 청소기로 바닥 청소해 줄래요?

캔뉴 배큠 더 플로어
Can you vacuum the floor?

☆ 자동차를 세척해 주세요.

린스 더 카
Rinse the car.

☆ 왁스 좀 닦아주세요.

와이프 더 왁솝
Wipe the wax off.

☆ 왁스 좀 주세요.

겟 미 더 왁스
Get me the wax.

☆ 부드러운 천으로 차를 닦아주세요.

버픞 더 카 위더 쏘프트 클로쓰
Buff the car with a soft cloth.

WORDS

- window 창문
- dirty 더러운
- inside 안쪽의
- outside 바깥쪽의
- dashboard (자동차·비행기의) 계기판, 대시보드
- vacuum 청소기로 청소하다
- wipe off 닦아내다
- wax 왁스
- soft 부드러운
- cloth 천

 **CHECK-POINT** 회 화 를 위 한 영 문 법

1. Can you vacuum the floor?

차의 바닥도 floor라고 한다.

2. Rinse the car.

직역하면 '차를 물로 씻어내다'라는 뜻으로 쓰인다.

3. buff

'(가죽이나 부드러운 천 따위로) 닦다'는 의미이다.

셀프주유소는 DIY gas station이나 self-service(filling station)라고 표현할 수 있는데 최근에는 washateria(셀프세차장)라는 신조어가 생겨날 만큼 표현이 다양해졌다. 이는 wash와 cafeteria의 합성어이다.

💬 세차를 의뢰할 때

- Please wash my car. 세차 좀 부탁할게요.
- Can you wash the car? 세차 좀 해주실래요?

💬 할인쿠폰(discount coupon)을 제시할 때

- Can I get 2 dollars off with this coupon? 이 쿠폰으로 2달러 할인이 되나요?
- I have a 10% off coupon here. 10% 할인쿠폰이 있는데요.

Unit 7 세탁할 때

laundry는 '빨랫감'이란 뜻으로도 쓰이지만 '세탁소'라는 뜻을 갖고 있으며, 그밖에도 cleaner's라는 표현을 쓰기도 한다. cleaner라는 표현은 '청소기'와 '세제'라는 의미로 사용된다. 혼자 사는 사람에게 유용한 유료세탁기는 coin laundry machine이고, '치마를 드라이클리닝하다'는 get a skirt dry-cleaned라고 표현한다.

 실 전 에 활 용 하 는 다 이 얼 로 그

A: Get me the next one.
B: Here it is.

A: 다음 걸로 주세요.
B: 여기 있어요.

A: Check the pockets of the pants.
B: Oh! I almost forgot.

A: 바지 주머니 좀 살펴봐주세요.
B: 앗, 잊어버릴 뻔했군요.

Usage

우리가 알고 있는 공손한 부탁의 표현에는 May I ask ~? / Can I have ~? / May I get ~? 등의 표현을 즐겨 사용하지만 일상생활에서는 직접적으로 〈Can you + 일반동사 ~?〉라는 문형을 활용하곤 하는데 이럴 경우에도 'Can you'를 생략하여 가벼운 명령투의 표현을 주로 사용하고 있다. 물론 이럴 경우에 끝에 please를 덧붙여주기도 한다.

· Help me set the table. 식탁 차리는 것 좀 도와주세요.
· Drop me off over there. 저쯤에 내려주세요.
· Pass me the salt. 소금 좀 건네주세요.
· Show me the post office. 우체국 좀 가르쳐주세요.
· Give me a ride to the station. 역까지 좀 태워주세요.

BASIC EXPRESSIONS 영어로 말해봐!

☆ 빨래가 쌓였어요.
　　더　　론더리　　해즈　　파일럽[파일덥]
The laundry has piled up.

☆ 세탁해야 해요.
　아이　햅투　두　더　론드리
I have to do the laundry.

☆ 오늘 시트를 빨아야 해요.
　아이　니드　투　와쉬　더　씨츠　투데이
I need to wash the sheets today.

☆ 시트 좀 벗겨주세요.
　테이콥　더　씨츠
Take off the sheets.

☆ 베개 커버를 벗겨주세요.
　테이콥　더　필로우　케이스
Take off the pillow case.

☆ 바지 주머니를 살펴봐 주세요.
　체크　더　파킷츕　더　팬츠
Check the pockets of the pants.

☆ 제 스웨터는 손으로 빨아야 해요.

아이 와쉬 마이 스웨러[스웨터] 바이 핸드
I wash my sweater by hand.

☆ 빨래를 건조기에서 꺼내주세요.

테익 더 클로즈 아우롭 더 드라이어
Take the clothes out of the dryer.

☆ 빨래 좀 널어줄래요?

캔뉴 헹 더 론드리
Can you hang the laundry?

☆ 빨래 걷어야 해요.

아이 햅투 브링 더 론드리 인
I have to bring the laundry in.

☆ 빨래 좀 개주세요.

폴덥 더 클로(드)즈
Fold up the clothes.

WORDS

- laundry 빨래
- pile up 쌓이다
- sheets 시트
- take off 떼어내다, 벗기다
- pillow 베개

- sweater 스웨터
- take out 꺼내다
- dryer 건조기
- bring in 걷다
- fold up 개다

CHECK-POINT 회화를 위한 영문법

1. do the laundry

'세탁을 하다'는 표현으로 do는 '처리하다'는 의미이다.

2. I need to wash the sheets today.

need는 want보다도 더욱 절실히 필요하다는 뉘앙스가 있다.

3. pants

바지는 한 장이라도 다리 부분이 2개이므로 복수형이 된다. (= slacks)

세탁소와 같은 서비스 관련 장소를 방문할 경우에 직원이 가장 먼저 How can I help you?(뭘 도와드릴까요?)라는 인사를 건네게 되며, 서비스가 끝나면 어김없이 Thank you.(감사합니다.) / Do you need something else?(혹시 다른 볼일이 있습니까?) / Come again.(다시 들러주세요.)라는 인사를 받게 된다.

- How have you been doing? 어떻게 해드릴까요?
- When would you come for the clothes? 옷을 언제 찾으러 오실 거죠?
- What is your name? 당신의 이름은 어떻게 됩니까?
- When will you get these closes? 언제 문을 닫습니까? ※요일을 물어보는 표현

Unit 8 다림질할 때

다리미(iron)는 [아이롱]이 아니라 [아이언]이라고 발음해야 하는데 [아이롱]은 일본식 발음법이다. 요즘에는 가정에서도 steam iron(스팀다리미)가 보편적이다.
'다림질하다'는 do the ironing 또는 get something pressed라고 표현하며, 다림질로 옷의 주름을 펴는 표현은 iron something out이라고 한다. 그리고 속어로 '죽여주게 입다'는 dressed to kill이라고 표현한다.

CONVERSATION 실 전 에 활 용 하 는 다 이 얼 로 그

A: I'll do the ironing.
B: Iron my tie, please.

A: 다림질을 할 거예요.
B: 내 넥타이도 다려주세요.

A: What are you doing?
B: I'm ironing my dress.

A: 뭐하고 있어요?
B: 다림질하고 있어요.

Usage
약속을 정하고자 할 때 상대방의 '계획'이나 '스케줄'을 묻는 표현으로써 What are you doing now?라는 표현을 즐겨 사용하는데 이러한 표현에 대하여 현재 시험을 치고 있을 경우라면 다음과 같이 다양한 표현을 할 수 있을 것이다.

- I am setting a test.
- I am having a test.
- I am having an exam.
- I am taking a test.

☆ 다림질을 할 거예요.

아일 두 디 아이어닝
I'll do the ironing.

☆ 다림질을 해야 해요.

아이 햅투 두 디 아이어닝
I have to do the ironing.

☆ 네 넥타이를 다려주세요.

아이언 유어 타이
Iron your tie.

☆ 셔츠를 다려주세요.

아이언 유어 셔츠
Iron your shirts.

☆ 블라우스를 옷장에 걸어주세요.

행업 더 블라우스 인 더 워드로우브
Hang up the blouse in the wardrobe.

☆ 다리미는 어디에 있어요?

웨어즈 디 아이언
Where's the iron?

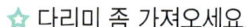

☆ 다리미 좀 가져오세요.

<small>브링   미   디   아이언</small>
Bring me the iron.

☆ 다리미 스위치 좀 켜주세요.

<small>터논   디   아이언</small>
Turn on the iron.

☆ 다리미 플러그 꽂았어요?

<small>디쥬   플러그   인   디   아이언</small>
Did you plug in the iron?

☆ 뜨거워요!

<small>잇츠   핫</small>
It's hot!

- iron 다리미, 다림질을 하다
- tie 넥타이
- hang up 걸다
- blouse 블라우스
- wardrobe 옷장
- turn on 스위치를 켜다
- plug in 플러그를 꽂다
- hot 뜨거운

 최 화 들 위 한 영 문 법

1. do the ironing

동사로 '다림질하다'라는 뜻이지만 명사로 iron은 '다리미', '철, 쇠붙이, 골프채'라는 뜻도 있다.

2. hang up

동사 hang은 '걸다, 매달다'의 뜻으로 사용되며, hanger는 명사로 '옷걸이'를 나타낸다. 가령, Hang your coat up on the hook.(네 외투를 옷걸이에 걸어라.)와 같이 표현하기도 한다.

3. Did you plug in the iron?

Did you ~?(~하셨어요?)라는 표현은 재확인 할 때 사용하는 표현이며, plug in은 '플러그를 꽂다'라는 표현이다.

구어에서는 형식상의 목적어인 it을 활용하여 가벼운 명령형을 표현을 관용적으로 사용하기도 한다.

- **Damn it!** 빌어먹을! / 젠장할! / 빌어먹을!
- **Hold it!** 움직이지 마라! / 멈추세요!
- **Forget it!** 잊어버리세요! / 생각지도 마라!
- **Cut it out!** 그만둬! / 집어치워! ※Knock it off! / Stop it! / Quit it!

Unit 9 아기를 돌볼 때

요즘에는 어린이집을 nursery, day-care center라고 하는데 daily care라고도 표현하며, 또한 가정의 '도우미(베이비시터)'를 baby-sitter, 혹은 kindergartner라고도 한다. 세상의 모든 엄마들은 아기에게 계속 말을 걸고 혼자 대답하곤 한다. 이러한 엄마의 혼잣말이 아기의 언어 발달에 결정적인 역할을 한다. 또 아기의 울음은 여러 가지 의미가 있으므로 상황에 맞게 잘 대응해야 한다.

CONVERSATION 실전에 활용하는 다이얼로그

A: Can you play with the baby?
B: Wait a minute.

A: 아기 달래 줄래요?
B: 잠깐만 기다려주세요.

A: Can you sterilize the baby bottle?
B: Okay!

A: 젖병 좀 소독해 줄래요?
B: 그럴게요.

Usage

〈Can you ~?〉와 같은 부탁에 관한 응답 표현은 거절할 경우에는 I'm afraid I can't help you. / I'm sorry, but I can't help you.처럼 우회적으로 거절하면 되는데 수락할 경우에는 다음과 같이 표현하면 된다.

- Sure.
- No problem.
- My pleasure.
- All light.
- Certainly!
- I'd be glad to. / I'd love to.

BASIC EXPRESSIONS 영어로 말해봐!

☆ 아기 기저귀 좀 갈아주세요.
체인쥐 더 베이비즈 다이퍼
Change the baby's diaper.

☆ 아기 기저귀가 많이 젖었어요.
허 다이퍼 이즈 쏘킹 웻
Her diaper is soaking wet.

☆ 아기에게 파우더를 발라주세요.
풋 파우더 온 더 베이비
Put powder on the baby.

☆ 아기가 배가 고파서 울어요.
더 베이비즈 크라잉 풔 밀크
The baby is crying for milk.

☆ 그녀를 안아주세요.
홀드 허
Hold her.

☆ 아기 돌보고 있어요.
와취 더 베이비
Watch the baby.

☆ 아기 달래 줄래요?

캔뉴　플레이　윗　더　베이비
Can you play with the baby?

☆ 젖병 좀 소독해 줄래요?

캔뉴　스텔러라이즈　더　베이비　바틀[바틀]
Can you sterilize the baby bottle?

☆ 왜 울고 있죠?

와이　아　유　크라잉
Why are you crying?

☆ 까꿍!

피커부
Peek-a-boo!

☆ 얌전하게 잘 있었죠? / 얌전하게 지냈죠?

해브　유　비너　굿보이
Have you been a good boy?

- change 바꾸다
- diaper 기저귀
- soak 흠뻑 젖다
- wet 젖은
- hold 안다
- watch 보다
- sterilize 소독하다
- baby bottle 젖병

CHECK-POINT 회화를 위한 영문법

1. Hold her.

'손으로 감싸 안다'라는 의미로 남자 아기라면 her 대신 him을 쓴다.

2. Peek-a-boo!

까꿍놀이(어린 아이 앞에서 얼굴을 가렸다가 '까꿍(Peekaboo! / Peep-bo!)'하면서 얼굴을 보여주며 어르는 것)

3. good boy

good이 '얌전하다, 착하다'라는 뉘앙스로 여자 아이라면 good girl이라고 한다.

아이를 지칭하는 표현은 인칭대명사 앞에 '형용사'를 덧붙여서 good boy(착한 아이), bad boy(나쁜 아이), cute boy(귀여운 아이), sweet kid(사랑스런 아이)와 같이 표현하면 된다.

- Be a good boy! 착하게 굴어야지!
- Don't cry, that's a good boy. 울지 말거라, 착하지 아가야.
- Be quiet like a good boy. 착하지, 조용해야죠.
- There's a good boy! 아이고, 기특해라! *There's a dear!

Unit 10 아이와 놀아줄 때

엄마와 아기가 놀 때 자연스러운 운율을 가진 노래를 불러주면 아기의 언어 발달에도 좋고 정신 건강에도 도움이 된다. 흔한 놀이로 '숨바꼭질'은 hide-and-seek라고 한다. '네가 술래야.'라는 말은 'You're it!'이라고 한다.
가령 가위바위보(rock, paper, scissors)에서 rock(암석)은 '바위', paper(종이)는 '보', scissors(가위)는 '가위'이다.

CONVERSATION 실전에 활용하는 다이얼로그

A: What shall we play?
B: Let's do some origami.
A: 우리 뭐하고 놀까요?
B: 종이접기를 하자.

A: Can you read me a book?
B: Which book do you want?
A: 책 읽어주실래요?
B: 어떤 책을 원하죠?

Usage

"어떤"이라는 의미로 쓰이는 what과 which는 모두 제한적 용법으로 쓰이지만 상황에 따라 달리 표현되므로 사용상 유의하여야 한다. 여럿 중에서 선택할 경우에는 what을 사용하며, 둘 중에서 선택할 경우에는 which를 사용한다.

♣ 말하는 사람이 마음속에 몇 가지 선택안을 갖고 말하는 경우라면 which를 쓰고, 그렇지 않은 경우에는 what을 쓴다.
· Which color do you prefer? Red or white?
   빨간색과 흰색 중에서 어떤 것을 더 좋아하세요?

♣ which가 대명사와 함께 쓰이거나 한정사와 함께 쓰일 때는 반드시 of를 붙인다.
· Which of these is yours? 이 중에서 어떤 것이 당신 것인가요?

 BASIC EXPRESSIONS 영어로 말해 봐!

☆ 우리 뭐하고 놀까요?

왓 쉘 위 플레이
What shall we play?

☆ 노래를 부르자.

렛츠 씽어 쏭
Let's sing a song.

☆ 이 노래 알아요?

두 유 노 디스 쏭
Do you know this song?

☆ 음악에 맞춰 춤추자.

렛츠 댄스 투 더 뮤직
Let's dance to the music.

☆ 종이접기를 하자.

렛츠 두 썸 오리가미
Let's do some origami.

☆ 퍼즐을 하자.

렛츠 플레이 윗 퍼즐스
Let's play with puzzles.

☆ 두 조각 남았어요.
   데어라 투 피이시스 렙트
   There are 2 pieces left.

☆ 블록을 가지고 놀자.
   렛츠 플레이 윗 더 블럭스
   Let's play with the blocks.

☆ 책 읽어줄래요?
   캔뉴 리드 미 어 북
   Can you read me a book?

☆ 팽이 돌릴 줄 알아요?
   캔뉴 스핀 더 탑
   Can you spin the top?

☆ 가위바위보놀이 하자.
   렛츠 플레이 락 페이퍼 시져스
   Let's play rock, paper, scissors.

WORDS

- sing 노래를 부르다 *song 노래
- dance to the music 음악에 맞춰 춤추다
- origami 종이접기 *일본말로 '오리가미'라고 한다.
- puzzle 퍼즐
- piece 조각
- block 블록
- spin 돌리다
- top 팽이

CHECK-POINT 회화를 위한 영문법

1. There are ~ left.

'이제 ~이 남아 있다'라는 표현이다.

2. Let's play ~

"~하며 놀자. / ~놀이 하자."라는 패턴문형으로써 '~합시다.'라는 청유의 뉘앙스가 담긴 표현이다.

3. rock, paper, scissors

rock(바위)은 '바위', paper(종이)는 '보', scissors(가위)는 '가위'이다.

아이들을 상대할 경우에는 배려가 담긴 표현이 요구되는데 주로 〈Shall we go ~?〉라는 패턴문형이 널리 활용된다. 가령, 영화보러 가다(go to a movie), 산책가다(go for a walk), 드라이버가다(go for a drive), 콘서트가다(go to a concert) 등과 같은 표현을 덧붙여주면 된다. 그러나 쇼핑가다(go shopping), 스키타러 가다(go skiing), 낚시가다(go fishing), 수영가다(go swimming) 등과 같이 동사 뒤에 현재분사가 올 경우에는 전치사구의 사용에 주의해야 한다.

☺ 제안을 할 경우의 표현법
- Shall we go ~? ~할까요? / ~하러 갈까요?
- Let's ~ ~할래요? / ~합시다.

☺ 무언가를 물어볼 때
- Do you know ~? ~를 알아요?
- Can you ~? ~해 주세요?

Unit 11 애완동물을 돌볼 때

애완동물(pet)을 기르고 싶은 것은 어린 시절에 누구나 가지게 되는 로망이다. 애완동물의 대표는 개와 고양이인데 cat-and-dog라고 하면 '사이가 나쁘다'는 뜻이 된다. 고양이 새끼는 kitty 또는 kitten이라 하고 강아지는 puppy 또는 pup이라고 한다.
해외여행을 하다보면 어쩌다가 공원이나 공공장소에서 No Pets Allowed.(애완동물 출입금지)라는 팻말을 본 적이 있을 텐데 유의하길 바란다.

CONVERSATION 실전에 활용하는 다이얼로그

A: Where's the water dish?
B: In the dog house.

A: 물그릇은 어디 있어요?
B: 개 집 안에 있어요.

A: Clean the litter box.
B: Again?

A: 고양이 화장실 좀 청소해주세요.
B: 또요?

Usage

어떤 장소의 소재나 위치를 파악할 때 묻는 표현으로써 "~는 어딥니까?"라는 표현은 Where's ~?(Where is ~?)라는 문형을 즐겨 쓰는데 뒤에 '명사 상당어구'를 주어로 활용하게 된다.

- Where is the entrance? ※입구
- Where is the exit? ※출구
- Where is the restroom? ※화장실
- Where is the bus stop? ※버스 정류소
- Where is the nearest subway station? ※전철역

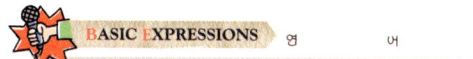
BASIC EXPRESSIONS 영 어 로 말 해 봐!

☆ 해피야, 아침밥이다!
Happy, it's breakfast.

☆ 물그릇에 물 채웠나요?
Did you fill the water dish?

☆ 물그릇은 어디 있어요?
Where's the water dish?

☆ 고양이에게 먹이를 주세요.
Feed the cat.

☆ 고양이 화장실 좀 청소해주세요.
Clean the litter box.

☆ 어떤 애완동물을 기르세요?
Do you have any pets?

   ＊ Do you have a pet at home? 집에서 애완동물을 키우나요?

☆ 당신의 애완동물은 사납군요!

What mean pets you have!
왓   민   펫츄   해브

☆ 애완동물을 길러 본 적이 있나요?

Have you ever owned an animal?
해뷰   에버   오운드   언   애너멀

＊ Didn't you even have a pet?와 유사한 표현법이다.

☆ 어떤 애완동물을 갖고 싶나요?

What kind of pet would you like to have?
왓   카인돕   펫   우쥴   라익   투   해브

WORDS

- breakfast 아침밥
- fill 가득 채우다
- feed 먹이를 주다
- cat 고양이
- clean 청소하다
- litter box 고양이 화장실
- mean (행동이) 못된, 심술궂은
- own 소유하다

CHECK·POINT 회　화　를　위　한　영　문　법

1. water dish

'물을 주기 위한 그릇'을 말한다.

2. Where's ~?

where's는 where is의 줄인 말이며, "~는 어디 있습니까?"라는 표현이다.

3. litter box

litter box는 '고양이 화장실'을 의미하는 관용표현이다.

애완동물용 먹이는 pet food, 애완동물용 병원은 pet hospital, 애완동물 가게는 pet shop, 애완동물 보호소는 pet shelter라고 부른다. teacher's pet 라는 표현은 선생님으로부터 편애를 받는 학생을 지칭하는 용어이다.

- pet area : 애완동물 구역 (애완동물의 운동이나 대소변 따위를 시키는 구역)
- pet cemetery : 애완동물을 위한 전용 공동묘지
- pet sitting : 애완동물 돌보기 대행업 ＊pet sitter 돌보는 사람
- pet hotel : 애완동물 임시 예탁소

Unit 12 조명을 켜고 끌 때

전등 스위치는 light switch라고 한다. '켜다'와 '끄다'는 turn on, turn off라고 하는데 전등뿐 아니라 전자제품이나 수도, 가스 등의 스위치에도 쓸 수 있다. 참고로 '정전'은 black out이라고 표현한다.
일반적으로 '(백열)전구'는 bulb라고 총칭하며, '형광등'은 fluorescent light, fluorescent lamp, fluorescent tube라고 부른다.

 CONVERSATION 실 전 에 활 용 하 는 다 이 얼 로 그

A: Is the light on?
B: It's blinking.
A: Could you change it?

A: 불 켜져 있어요?
B: 깜빡거려요.
A: 전구 바꿔줄래요?

A: Can I turn off the desk lamp?
B: Leave it on.

A: 스탠드 꺼도 되나요?
B: 그냥 놔 두세요.

Usage

"그냥 두세요."라는 표현은 다양한 뉘앙스를 내포한 표현이므로 상황에 따라 적절하게 활용해야만 한다. 비틀즈의 노래인 〈Let it be〉라는 노래는 뭘 의미할까? "제발 그냥 내버려 두라."는 자연의 순리나 이법에 맡겨두라는 의미이다.

♣ 개입이나 간섭하지 말 것을 경고할 때
· Just leave it as it is.

♣ 행위나 행동을 방임할 때
· Just let it go.

♣ 피곤하거나 귀찮을 때
· Leave me alone, please.

BASIC EXPRESSIONS 영 어 로 말 해 봐 !

☆ 불 좀 켜주세요.

터논   더   라잇
Turn on the light.

＊ Can you turn on the light? 불 좀 켜줄래요?

☆ 불 좀 꺼주세요.

터놉   더   라잇
Turn off the light.

☆ 스탠드 꺼도 되나요?

캐나이   터놉   더   데스크   램프
Can I turn off the desk lamp?

☆ 불 좀 켜놓지 마세요.

돈   리브   더   라이론[라잇돈]
Don't leave the light on.

☆ 켜 놓지 마세요.

돈   리빗론[리빗돈]
Don't leave it on.

☆ 불 켜져 있어요?

이즈   더   라이론
Is the light on?

☆ 켜져 있나요?

이짓온
Is it on?

☆ 켜져 있어요.

잇츠 온
It's on.

＊It isn't on. 안 켜져 있어요. / 꺼져 있어요.

☆ 안 켜져요.

잇 원트 커몬
It won't come on.

☆ 깜빡거려요.

잇츠 블링킹
It's blinking.

- turn on (전등을) 켜다
- light 전등
- turn off (전등을) 끄다
- desk lamp 스탠드
- leave ~을 그대로 놔두다
- blink 깜빡거리다

 CHECK-POINT 회화를 위한 영문법

1. turn on / turn off

조명, 소리, 수도꼭지 따위를 turn on하면 틀거나 켜는 것이고, turn off하면 잠그거나 끄는 것이다.

2. leave the light on

〈leave ~ on〉 문형으로 '(전기, TV 등을) 켠 채로 두다'라는 의미이다.

3. It won't come on.

come on은 '(전등이) 켜지다, 작동되다'라는 의미이며, won't는 will not의 축약형이다.

일반적으로 turn off(끄다)라는 표현은 조명기구(전구, 형광등), 가전제품(TV, 라디오, 컴퓨터), 그 밖의 수도꼭지, 가스, 기계, 휴대폰 따위에도 널리 활용된다.

회의하기 전에 휴대폰을 꺼주세요.
· You must turn your cell phone off before the meeting.

주유 중에 엔진을 꺼주세요.
· Turn off the engine while refueling.

가스를 꼭 잠그세요.
· Please be sure to turn off the gas.

나갈 때 스위치를 끄세요.
· Turn off the lights upon leaving.

Unit 13 수도꼭지를 틀거나 잠글 때

수도꼭지는 미국에선 faucet이라 하고 영국에선 tap이라고 표현한다. 하지만 묘하게도 수돗물은 미국에서도 tap water라고 표현한다. 역시 수돗물을 불신하여 정수기(water purifier)를 사용하거나 생수(natural water)를 마신다.

CONVERSATION 실전에 활용하는 다이얼로그

A: Don't leave the water running.

B: Not me.

A: 물 계속 틀어 놓지 마세요.
B: 제가 안 그랬어요.

A: Did you turn off the water?

B: I did.

A: 물 잠갔어요?
B: 제가 잠갔어요.

Usage

여기서 leave 동사는 '~한 상태로 놓아두다, 방치하다'라는 뜻으로 쓰였으므로 Don't leave ~.(~하도록 두지 마세요.)라는 패턴문형이다. 사실 Don't leave the water running.라는 표현은 Don't leave the tap running.과 동일한 표현이다.

- Don't leave him out. 그 사람을 빠뜨리지 마.
- Don't leave me alone. 날 혼자 두지 마.
- Don't leave the baby crying. 아기를 울게 내버려두지 마.

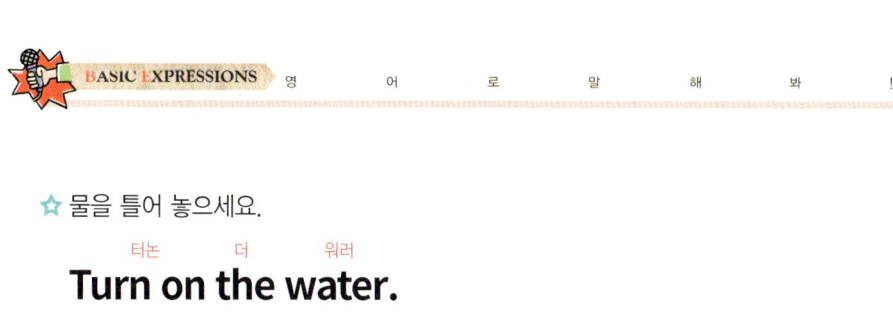

☆ 물을 틀어 놓으세요.

　　　　터논　　더　　　워러
Turn on the water.

☆ 물을 잠가주세요.

　　　　터놉　　더　　　워러
Turn off the water.

☆ (수도꼭지를) 틀어주세요.

　　　　터니론
Turn it on.

☆ (수도꼭지를) 잠가주세요.

　　　　터니롭
Turn it off.

☆ 물 좀 틀어줄래요?

　　　　캔뉴　　터논　　더　　워러
Can you turn on the water?

☆ 물 좀 잠가줄래요?

　　　　캔뉴　　터놉　　더　　워러
Can you turn off the water?

⭐ 물이 계속 흐르고 있어요.

더 워러 이즈 러닝
The water is running.

＊ '물이 새다'라는 의미이다.

⭐ 물 계속 틀어놓지 마세요.

돈 리브 더 워러 러닝
Don't leave the water running.

⭐ 물 틀어도 되나요?

캐나이 터논 더 워러
Can I turn on the water?

⭐ 뜨거운 물 좀 써도 되나요?

캐나이 유즈 더 핫 워러
Can I use the hot water?

⭐ 물 잠갔어요?

디쥬 터놉 더 워러
Did you turn off the water?

- **turn on** (물 등을) 틀다
- **water** 물
- **turn off** (물 등을) 잠그다
- **leave** ~을 그대로 두다, 내버려두다
- **use** 사용하다

 CHECK·POINT 회 화 를 위 한 영 문 법

1. The water is running.

직역하면 "물이 달리고 있다."로 "물이 계속 흘러나오고 있다."라는 표현이다. 즉, '물이 새다'라는 의미이다.

2. hot water

뜨거운 물을 뜻하는데 '따뜻한 물'은 warm water이다.

3. Can I use the hot water?

Can I use ~?라는 문형은 상대방에게 허락을 구하는 표현으로 쓰여 "~ 좀 사용할 수 있습니까?, ~를 사용해도 됩니까?"라는 뉘앙스가 담겨 있다.

〈Did you ~?〉라는 패턴문형은 "~를 했습니까?"라는 뜻으로 쓰여 '동작의 실행이나 이행을 확인'할 때 사용하는 문형으로 do의 과거형인 did를 활용한다. 〈Did you ~?〉라는 표현은 현재에 영향을 끼칠 수도 있는 어법이고, 반면에 〈Have you p.p.(과거형) ~?〉은 현재완료 문장을 활용하여 '과거의 경험'을 표현한다.

· Did you sleep any? 잠 좀 잤어요?
· Did you ask him again? 그 사람한테 다시 물어봤어요?
· Did you hear the news today? 오늘 그 뉴스 들었어요?

Unit 14 가스를 켜고 끌 때

우리가 말하는 '가스'는 gasoline이나 petrol를 의미하는 것이 아니라 Liquified Natural Gas(LNG, 액화천연가스)를 의미한다.
추울 때 사용하는 난로를 우리는 '가스 스토브'라고 하기도 하는데 '난로'는 gas heater라고 해야 옳은 표현이며 gas stove는 요리할 때 사용하는 '가스레인지'를 뜻한다. '전자레인지'는 microwave (oven)이라고 표현해야 한다.

CONVERSATION 실 전 에 활 용 하 는 다 이 얼 로 그

A: Don't forget to turn off the gas.
B: I know.

A: 가스 끄는 걸 잊지 마세요!
B: 저도 알고 있어요.

A: The gas is leaking.
B: Are you sure?

A: 가스가 새고 있어요.
B: 확실해요?

Usage

Are you sure?(정말입니까? / 확실해요?)는 단순하게 진위여부를 되묻는 맞장구의 표현으로써 Is that clear?(확실한 거죠? / 분명한 거죠?)와는 다소 차이가 있는 표현법이다.
어떤 사실이나 정보에 대하여 진위여부를 재확인하는 표현으로써 상대방의 말에 대한 신빙성이나 진실성이 결여되었을 때 활용한다. 자신의 말에 책임을 추궁하는 듯한 뉘앙스가 담긴 표현법이다.

- Really?
- Is that right?
- Is that so?

BASIC EXPRESSIONS 영　어　로　말　해　봐　!

☆ 가스 켜주세요.

　　　　터논　　더　개스　　　(밸브)
Turn on the gas (valve).

☆ 가스 꺼주세요.

　　　　터놉　　더　개스
Turn off the gas.

☆ 가스 끄는 걸 잊지 마세요.

　　　돈　　훠겟　투　터놉　더　개스
Don't forget to turn off the gas.

☆ 가스 잠그는 걸 기억하세요.

　　플리즈　비　슈어　투　터놉　더　개스
Please be sure to turn off the gas.

　　※ "가스 끄는 걸 꼭 명심하세요."라는 뜻이며, be sure to는 '꼭 명심하다, 기억하다'라는 의미를 내포하고 있다.

☆ 가스 불 세게 해주세요!

　　　터넙　　더　　플레임
Turn up the flame.

☆ 가스 불 약하게 해주세요!

　　　턴　　다운　더　플레임
Turn down the flame.

☆ 가스가 새고 있어요.

더　개스　이즈　리킹
The gas is leaking.

☆ 이거 가스 냄새 아니예요.

디씨져　스멜 옵 개스
This is a smell of gas.

☆ 가스 새는 냄새가 나요.

잇　스멜스　라이커　개스　리익
It smells like a gas leak.

☆ 가스 누출의 첫 번째 징후는 냄새예요.

더　퍼슷　싸인　오퍼　개스　릭　이즈 더　스멜
The first sign of a gas leak is the smell.

- turn on (가스를) 켜다
- turn off (가스를) 끄다
- gas 가스 *가솔린(gasoline)을 gas라고도 함
- forget 잊다
- turn up (불을) 세게 하다
- turn down (불을) 약하게 하다
- flame 불꽃
- leak 새다

 회 화 를 위 한 영 문 법

1. Don't forget to ~

'~하는 걸 잊지 마라.'라는 뜻으로 널리 활용되는 문형이다.

2. flame

가스레인지 불(꽃)은 fire가 아니라 flame이라고 한다.

3. The gas is leaking.

leak은 액체나 기체 따위가 '누설하다, 누수되다'라는 의미이다.

상대방에게 '명령'의 강조용법을 활용하여 〈Don't forget to + 동사원형 ~〉라는 패턴문형으로 "꼭 ~하는 걸 기억하세요. / ~하는 걸 잊지 마세요."라는 어감을 부여해 준다. 따라서 이 표현은 〈Remember to ~〉나 〈Make sure to ~〉라는 패턴문형으로 대체해도 무방하다.

- Don't forget to call. 전화하는 걸 잊지 마세요.
- Don't forget to write a letter. 편지 쓰는 걸 잊지 마세요.
- Don't forget to return it. 이것을 되돌려주는 걸 잊지 마세요.
- Don't forget to finish it by noon. 정오까지 끝내는 걸 잊지 마세요.

Unit 18 문이나 커튼을 여닫을 때

open과 close는 '열다'와 '닫다'로 짝을 이루는 단어이다. 아래와 같이 door, window처럼 문을 여닫는 것에도 사용할 수 있고, 은행에서 계좌(account)를 개설하거나 해지할 경우에도 사용된다. 또한 인체의 eye(눈), ear(귀) mouth(입) 등과 관련된 표현에도 널리 활용된다.

'열다'라는 의미에 해당하는 동사는 open이 주로 활용되는 반면에, '닫다'라는 의미의 표현에 사용되는 동사는 close만 활용되는 것이 아니라 shut, lock, swing 등과 같은 동사도 사용되고 있다.

 CONVERSATION 실 전 에 활 용 하 는 다 이 얼 로 그

A: Can I open the windows?
B: Sure.

A: 창문 좀 열어도 되나요?
B: 물론이죠.

A: Close it quietly.
B: Okay.

A: (문을) 조용히 닫아주세요.
B: 알았어요.

Usage

상대방의 부탁이나 요청을 할 때의 패턴문형인 〈Can I ~?〉, 〈May I ~?〉, 〈Could you ~?〉, 〈Would you ~?〉, 〈Won't you ~?〉, 〈How about ~?〉 등에 대하여 응할 때의 대답은 실로 다양하다.

♣ 좋습니다. / 물론입니다.
- Sure! *Surely!   - O.K! *Okay!   - Of course. *Why not?

♣ 그러죠. / 기꺼이.
- With pleasure. *My pleasure.   - I'd be glad to. *I'd love to.

BASIC EXPRESSIONS

☆ 문 열어주세요.

오픈   더   도어
Open the door.

☆ 문 닫아주세요.

클로즈   더   도어
Close the door.

☆ 창문 열어주세요.

오픈   더   윈도우
Open the window.

☆ 창문 닫아주세요.

클로즈   더   윈도우
Close the window.

☆ 커튼 열어주세요.

오픈   더   커튼스
Open the curtains.

☆ 커튼 닫아주세요.

클로즈   더   커튼스
Close the curtains.

☆ 창문 좀 열어도 되나요?

캐나이 오픈 더 윈도우즈
Can I open the windows?

☆ 문 좀 닫아주실래요?

캔뉴 클로즈 더 도어
Can you close the door?

☆ 열어주세요.

오프닛
Open it.

   ✽ Close it. 닫아주세요.

☆ (문을) 조용하게 닫아주세요!

클로짓 콰이엇틀리
Close it quietly.

☆ 창문은 열어두세요!

리브 더 윈도우 오픈
Leave the window open.

WORDS

- open 열다
- close 닫다
- door 문
- window 창문
- curtain 커튼
- quietly 조용히

 회 화 를 위 한 영 문 법

1. Can I ~?

"제가 ~해도 될까요?"처럼 상대방에게 자신이 어떤 행위나 행동을 실행하여도 괜찮은지 허가나 허락을 구하는 표현이다.

2. Open it. / Close it.

'(어떤 상태로) 두세요'라는 뉘앙스가 담긴 표현법이다.

3. Leave the window open.

〈leave ~ open〉 형태로 '(창문이나 문 등을) 열어놓은 채로 두다'라는 의미이다.

상대방에게 "문을 닫아주세요."라고 부탁하는 표현은 Will you close the door? / Please close the door.인데 이 표현의 정중한 표현은 Would you close the door?라는 표현이므로 명령형의 표현에서는 문장의 앞이나 뒤에 please를 덧붙여주면 된다. 이러한 표현은 관용적으로 사용하는 표현이 있으므로 익혀두면 편리하다.

- Shut the front door, please.
- Do you mind shutting the door?
- Can you lock the door behind you? *문을 열고 나간 후
- After you entered, please swing to the door. *문을 열고 들어온 후

Unit 19 문단속할 때

예전에는 문을 열쇠로 잠그거나 열었는데 요즘에는 기존의 열쇠 대신 비밀번호나 반도체 칩, 스마트카드, 지문 등 디지털화된 정보를 통하여 잠금장치 역할을 하는 디지털 도어록(digital doorlock)이 보편적이다. lock은 '자물쇠를 잠그다'인데 '가스를 잠그다'는 close the gas valve 또는 shut off the gas valve라고 한다. '수도꼭지를 잠그다'는 turn off the faucet이고 '단추를 잠그다'는 button up이라고 표현한다.

CONVERSATION 실전에 활용하는 다이얼로그

A: Lock the door.
B: Where's the key?

A: 문을 잠가주세요.
B: 열쇠 어디 있어요?

A: Did you lock your car?
B: Maybe.

A: 차 문 잠갔어요?
B: 아마도.

Usage

〈Did you ~?(~를 했나요?)〉라는 표현은 무언가를 재확인할 때 사용하는 표현으로 이에 대한 다소 불확실하거나 애매한 응답표현으로는 다음과 같은 표현이 있다.
Maybe.(아마도.)에 해당되는 표현에는 Perhaps. / Possibly. / Probably. 등이 활용되고 있다.

- That's as maybe. 아직 확실하지 않아요.
- That would never happen. 그런 일은 없겠지만요.
- That's out of the question. 그것은 전혀 불가능해요.

※상대방의 말에 쉽게 대응하지 못할 경우에 사용하는 "글쎄요."에 해당하는 Let's see. / Well... / Let me see. / Umm... / Hmm... 등과 같은 표현과는 뉘앙스가 다르다.

BASIC EXPRESSIONS 영어로 말해 봐!

☆ 문을 잠가주세요.
   락   더   도어
   Lock the door.

☆ 창문을 잠가주세요.
   락   더   윈도우
   Lock the window.

☆ 문 잠갔어요?
   디쥬   락   더   도어
   Did you lock the door?

☆ 문 잠그는 걸 잊지 마세요.
   돈   훠겟   투   락   더   도어
   Don't forget to lock the door.

☆ 문을 잠그세요.
   라키럽
   Lock it up.

☆ 문을 잠그지 마세요.
   언락   더   도어
   Unlock the door.

☆ 창문을 잠그지 마세요.
　　언락　　더　　윈도우
Unlock the window.

☆ (자물쇠를) 열어 놓으세요. / (문을) 잠그지 마세요.
　　언락　킷
Unlock it.

☆ 지금 문을 잠가도 되나요?
　캐나이　락　더　도어　나우
Can I lock the door now?

☆ 문 좀 잠가 줄래요?
　　캔뉴　　락　더　도어
Can you lock the door?

- lock 열쇠를 걸다, 잠그다
- door 문
- window 창문
- forget 잊다
- unlock (열쇠로) 열다
- now 지금

1. Did you lock the door?

여기서 lock 뒤에는 잠금의 대상인 your car, your door는 올 수 있고, your key는 올 수 없다.

2. Lock it up.

숙어 lock up은 '문단속하다, 잠그다'라는 의미로 활용된다.

3. Unlock the door.

앞에서 배웠던 Open it. 과 유사한 표현으로 사용된다.

흔히 가스나 수도꼭지의 잠금장치를 tap이라고 부르는 반면에 옷, 가방, 창문 등의 잠금장치를 fastener[파스너]라고 총칭한다. 물론 일반적인 잠금장치는 lock(자물쇠)이라 하며, 디지털 잠금장치는 push button을 이용한다.
흔히 컴퓨터 따위의 비밀번호는 password라고 하고, 은행, 각종 카드나 디지털 도어록의 비밀번호는 PIN(personal identification number, 개인 식별 번호)이라고 한다.

- I forgot my PIN number. 비밀번호를 잊어버렸어요.
- Please enter your secret code. 비밀번호를 입력해주세요.

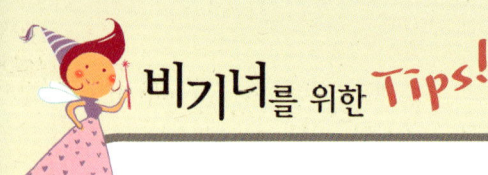

turn on과 turn off의 차이

turn on과 turn off는 일상생활에서 자주 쓰이므로 혼동되지 않도록 정리를 해 놓자. 전기 제품, 수도, 가스 등에 사용할 수 있는 편리한 단어이다. 그러나 상황에 따라 한국어로는 다르게 해석될 수도 있다.

1. **turn on: 켜다, 틀다**

   Turn on the light. 불을 켜라.
   Turn on the water. 물을 틀어라.
   Turn on the gas. 가스를 켜라.
   Turn it on. (수도꼭지나 불을) 켜라.
   Turn on the water tap. 수도꼭지를 틀어라.

2. **turn off: 끄다, 잠그다**

   Turn off the light. 불을 꺼라.
   Turn off the water. 물을 잠궈라.
   Turn off the gas. 가스를 꺼라.
   Turn it off. (불을) 꺼라. / (문을) 잠궈라.
   Turn off the alarm clock. 자명종 시계를 꺼라.

3. **혼동하기 쉬운 표현**

   아래의 경우에는 turn on과 turn off를 사용하지 않는다.

   Light the cigarette. 담뱃불을 붙여라.
   Put out the cigarette. 담배를 꺼라.
   Light a candle. 촛불을 켜라.
   Put out the candle. 촛불을 꺼라.

Chapter

5

일과활동

일어나서 잠잘 때까지 하루의 일과생활을
그야말로 스케줄에 따라 움직인다고 생각하면
단조로움과 번잡함의 연속적인 과정인 셈이다.

Unit 1 아침에 일어날 때

호텔 등에서 전화로 손님을 깨우는 모닝콜(morning call)은 콩글리시로써 wake-up call 이라고 해야 옳은 표현이다.

wake up은 눈을 뜨는 것이고, get up은 다리가 직립하는 것을 의미한다. 우리말로는 같이 '일어나다'라고 할 수도 있으나 의미 차이를 파악해야 한다. '자나 깨나'는 sleeping or waking이라고 표현한다.

CONVERSATION 실 전 에 활 용 하 는 다 이 얼 로 그

A: Wake up!
B: I'm still sleepy.

A: 일어나세요!
B: 아직 졸려요.

A: Let me sleep for five more minutes.
B: You'll be late.

A: 5분만 더 자게 해줘요.
B: 지각할 거야.

Usage

허락을 구하는 표현으로써 〈Let me ~(~하게 해주세요)〉라는 패턴문형은 어법만 알고 나면 편리하게 활용할 수 있다. 이러한 표현법은 또한 확답을 피할 경우에 Let me think about it.(고려해 볼게요.) / Let me sleep on it.(생각해 보지요.) 처럼 활용하기도 한다.

- Let me do that, please. 저한테 맡겨주세요.
- Let me see you off at the airport. 공항으로 배웅하러 갈게요.
- Let me have a day off tomorrow. 내일 휴가를 낼게요.

☆ 일어날 시간입니다.

타임 투 웨이컵
Time to wake up.

☆ 일어날 시간입니다.

타임 투 게럽
Time to get up.

☆ 일어날 시간입니다.

잇츠 타임 투 게럽
It's time to get up.

☆ 일어나세요!

웨이컵
Wake up!

☆ 침대에서 나오세요!

게라럽 베드
Get out of bed!

☆ 벌써 7시예요.

잇츠 올레디 세븐 어클락
It's already seven o'clock.

☆ 가서 아빠 깨워라.
고   앤   웨이크   데럽[대럽]
Go and wake Dad up.

☆ 애들 좀 깨워주세요.
웨이크   더   키즈업
Wake the kids up.

☆ 아빠는 아직도 자요?
이즈 대드 스틸   슬리핑
Is Dad still sleeping?

☆ 잘 잤어요? / 잘 주무셨어요?
디쥬   슬립   웰
Did you sleep well?

☆ 일어났어요?
아 유   어웨이크
Are you awake?

- get out of ~에서 나오다
- seven o'clock 7시
- kids 어린이들
- wake up ~을 깨우다
- well 잘
- awake 눈을 뜨다

1. Time to wake up.

wake up은 정확하게는 '잠에서 깨다'로 한국어로는 '일어나다'이다.

2. get up

정확하게는 '침대에서 나오다'인데 한국어로는 똑같이 '일어나다'라고 한다. 'get up'과 'wake up'의 차이를 정확하게 알아두자.

3. Did you sleep well?

이 표현은 앞의 Did you를 생략하고 그냥 Sleep well?이라고 표현해도 무방하다.

아침에 만나서 할 수 있는 인사표현으로써 Did you sleep? / Did you sleep well? / Did you sleep well last night? / Did you sleep wrong? 등과 같은 표현을 활용하게 되는데 편한 사이에서는 Sleep well?처럼 표현해도 무방하다.

Q: Did you sleep well last night?
A: I slept well (last night).
Q: 잘 주무셨어요? *안녕히 주무셨어요?
A: 잘 잤어요.
*I didn't sleep very well last night. 잘 못잤어요.

Unit 2 세면할 때

'(잠에서) 깨다, (눈을) 뜨다'라는 표현은 wake up, awake from sleep, awake out of sleep이라는 표현을 사용하며, '(침대에서) 일어나다'라는 표현은 get up, get out of bed 라는 표현을 활용한다. 우선 영어회화를 잘하려면 일상생활 중 자기가 행하는 것을 영어로 말해보는 것이다. 잠에서 깨면 I wake up.이라고 하고 세수할 때는 I have to wash my face.라고 머릿속으로 계속 영어 문장을 만들어 보자.

CONVERSATION 실전에 활용하는 다이얼로그

A: It's time to go.
B: I have to shave.

A: 이제 갈 시간이에요
B: 면도해야 해요.

A: Did you wash your face?
B: I'm going to do it now.

A: 세수했어요?
B: 지금 하려고요.

Usage

어떤 시간의 경과 여부에 따라 그 표현법에도 약간 차이가 남을 깨달아야 한다. 〈It's time to ~(~할 시간이다)〉라는 패턴문형은 〈It's time for ~〉라는 표현으로 대체할 수 있다.

- It is time for sleep.(= It is time to go to bed.)
- It is time for studying.(= It is time to study.)

♣ 기상 시간이 되었을 때
- It's about time to get up.
- It's about time you got up.

♣ 기상 시간이 지났을 때
- I guess it's time to get up.
- It's time to get up, huh?

☆ 양치질을 하세요.

　　브러쉬　유어　티쓰
Brush your teeth.

☆ 세수를 하세요.

　　와쉬　유어　페이스
Wash your face.

☆ 세수 했어요?

　　디쥬　와쉬　유어　페이스
Did you wash your face?

☆ 머리 빗으세요.

　　콤　유어　헤어
Comb your hair.

☆ 면도해야 해요.

　아이　햅투　쉐이브
I have to shave.

☆ 콘택트렌즈를 껴야 해요.

　아이　햅투　푸린　마이　컨택　렌지즈
I have to put in my contact lenses.

☆ 옷 갈아입으세요.

체인쥐 유어 클로(더)즈
Change your clothes.

☆ 잠옷을 벗으세요.

테이콥 유어 퍼자머즈
Take off your pajamas.

☆ 셔츠 입으세요.

푸론 유어 셔츠
Put on your shirt.

☆ 충치가 생길 거예요. / 이가 썩어요.

유 마잇 게러 캐버티
You might get a cavity.

☆ 신문 좀 가져오세요.

고 겟 더 뉴스페이퍼
Go get the newspaper.

＊ go and get 에서 and가 생략된 형태이다.

WORDS

- brush 솔질하다
- teeth 치아 ＊tooth(이)의 복수형
- comb (머리카락을) 빗다
- shave 면도하다
- put in ~을 넣다
- contact lenses 콘택트렌즈
- take off (옷 등을) 벗다
- cavity 충치

1. Change your clothes.

'옷을 바꾸다' → '옷을 갈아입다'라는 뜻이다.

2. pajamas

잠옷은 위아래가 한 벌이므로 복수형이 된다. 영국에서는 pyjamas라고도 쓰인다.

3. You might get a cavity.

직역하면 "충치를 얻게 될지도 모른다."의 의미이다. 물론 이 표현에는 '이를 닦지 않는다면'이라는 전제가 내포된 문장 표현으로써 If you don't brush your teeth, you'll get cavities.이란 표현과 같은 표현이다.

put 동사는 외부에서 감싸는 뉘앙스를 내포하고 있으므로 인체나 기계와 관련된 표현에 주로 활용되고 있다. 물론 뒤에 어떤 전치사를 덧붙이는지에 따라 뜻이 달라진다.

💬 **put on:** ~을 입다, ~을 착용하다, ~을 끼다

'몸에 걸치다'라는 넓은 의미로 옷, 장갑, 양말, 모자는 물론이고 화장에도 사용한다. **put some lipstick on**은 '립스틱을 바르다'의 의미이다.

· Don't you dare put on that uniform. 그 유니폼을 입을 생각하지 마.

💬 **put in:** (장비나 기구를) 들여놓다[설치하다]

원래는 '(장비·가구를) 들여놓다, 설치하다'라는 뜻으로 쓰이지만 '(양념 따위를) 첨가하다'라고 할 경우에도 활용된다.

· We're having a new shower put in. 우리는 새 샤워기를 설치 중이다.

Unit 3 화장실을 이용할 때

화장실을 뜻하는 영단어도 여러 가지이다. W.C.(water closet)는 변기만 있는 곳이고, toilet은 변기와 세면대가 있는 공중시설이다. lavatory는 변기와 세면대가 있는 곳이고 bathroom은 변기, 세면대, 샤워시설까지 있는 곳이다. 캐나다에서는 washroom이라고 표현한다.

서양인들은 화장실(men's room, rest-room)을 관용적으로 loo, can, john이라고 표현하기도 한다.

 CONVERSATION 실 전 에 활 용 하 는 다 이 얼 로 그

A: Is the bathroom vacant?
B: Somebody's in the bathroom.

A: 화장실에 아무도 없어요?
B: 화장실에 누가 있어요.

A: I need to use the bathroom.
B: I'll be done soon.

A: 화장실 쓰고 싶은데요.
B: 빨리 쓰고 나올게요.

Usage

남의 화장실을 이용하고자 할 때나 너무 급한 경우에는 먼저 양해를 구하는 듯한 어감을 풍기는 것이 중요하다.

♣ 화장실을 이용하고자 할 때
- Excuse me, I'll use the toilet.
- Excuse me, I need the toilet.
- Let me use the bathroom.

♣ 화장실이 급할 때
- I have to use the restroom.
- I'm getting an urgent call of nature.
- I really need to go to the bathroom. ※I really need to take a pee. ※소변

BASIC EXPRESSIONS 영 어 로 말 해 봐!

☆ 화장실에 아무도 없어요?

이즈   더   배쓰룸   베이컨(트)
Is the bathroom vacant?

☆ 화장실 쓰고 싶은데요.

아이 니드 투 유즈 더   배쓰룸
I need to use the bathroom.

☆ 화장실에 누가 있어요.

썸바디즈   인 더   배쓰룸
Somebody's in the bathroom.

☆ 오래 걸려요?

두 유 테익 롱
Do you take long?

☆ 화장실 물을 내려주세요.

플러쉬 더 토일럿
Flush the toilet.

☆ 화장실 물 내리는 걸 잊지 마세요.

돈   휘겟 투 플러쉬 더   토일럿
Don't forget to flush the toilet.

☆ 가장 가까운 화장실은 어디 있나요?

웨어리즈   더   니어리스트   레스트룸
Where is the nearest rest-room?

＊ I need to know where to pee. 와 같이 표현해도 무방하다.

☆ 화장실 좀 사용해도 됩니까?

캐나이   유즈   더   레스트룸
Can I use the rest-room?

＊ Do you mind if I use your bathroom?은 유사한 표현이다.

☆ 죄송하지만 화장실 좀 쓸게요.

익스큐즈   미   아일   유즈   더   토일럿
Excuse me, I'll use the toilet.

＊ I'm just going to use the rest-room.

☆ 화장실에 누가 있나요?

후즈   인   더   토일럿
Who's in the toilet?

- vacant 비어 있다
- need to ~할 필요가 있다
- use 사용하다
- somebody 누군가
- flush (변기의) 물을 내리다
- forget 잊다
- toilet 화장실, 변기

CHECK-POINT 회 화 를 위 한 영 문 법

1. bathroom

집 화장실은 일반적으로 bathroom이다. 호텔, 식당, 백화점의 넓은 화장실은 restroom이라고 하고 항공기의 화장실은 lavatory라고 한다.

2. take long

'시간이 오래 걸리다'라는 의미로 쓰이는데 take time(시간이 소요되다)이라는 표현도 유사하게 이용된다. 가령, It took a long time to get here.(여기 오는데 시간이 꽤 걸렸다.)

3. flush the toilet

'(수세식 화장실의) 물을 내리다'라는 표현으로 여기에서 toilet은 '변기'라는 뜻이다.

흔히 가정용 화장실은 bathroom이라고 하는 반면에 공중화장실은 주로 toilet, lavatory, restroom이라고 부른다. 여성용 화장실이나 가정에서의 손님용 화장실은 powder room이라고 부른다.

- 공중화장실 : public restroom, public toilet, lavatory
- 간이용 화장실 : portable toilet / portable potty
- 남자화장실 : men's room, gents(gentleman), john
- 여성용 화장실 : powder room, ladies' room

Unit 4 외출을 준비할 때

영어로 멀리 여행가는 걸 journey라고 하는데 나들이 개념의 '외출'이나 '야유회'는 outings라고 표현한다. 동사로 '외출하다'는 go out을 활용한다. 남녀가 함께 외출을 준비하려면 걸리는 시간이 상당히 차이가 난다. 그래서 미리 출발 시간을 확실히 예고해 줘야 한다. 자꾸 재촉하는 남편에게 하는 말은 Don't rush me.(재촉하지 말아요.) 또는 Get off my back.(그만해요.)이라고 한다.

CONVERSATION 실전에 활용하는 다이얼로그

A: Are you ready?
B: Almost.

A: 준비 다 됐어요?
B: 거의 다 됐어요.

A: Hurry up!
B: I'm hurrying.

A: 서둘러요!
B: 서두르고 있어요.

Usage

상대방에게 어떤 행위나 행동을 "서둘러."라고 재촉할 때의 Hurry up!이라는 표현은 앞에서 살펴보았지만 이와 반대되는 표현법을 알아두도록 하자.

- Don't rush. 서두르지 마라.   *No need to hurry.
- There's no need to rush. 서두를 필요 없어요.
- What's the rush? 왜 서두르세요?   *What's the hurry?
- There's no big hurry. 그리 서두를 필요 없어요.

☆ 준비하세요.
　　겟　　레디
Get ready.

☆ 빨리 준비하세요.
　　겟　　레디　　퀵클리
Get ready quickly.

☆ 준비 다 됐어요?
　아　유　　레디
Are you ready?

☆ 외출 준비 다 됐어요?
　아　유　　레디　투　고
Are you ready to go?

☆ 갈 시간이에요.
　잇츠　타임　투　고
It's time to go.

☆ 나는 준비 다됐어요.
　아임　올　　레디
I'm all ready.

☆ 거의 다 됐어요.

올모스트
Almost.

☆ 조금만 더 기다려요.

웨이러   리를[리틀]   와일
Wait a little while.

☆ 서둘러야 해요.

위드   베러   허리
We'd better hurry.

☆ 서둘러요!

허리업
Hurry up!

☆ 서두르고 있어요.

아임   허리잉
I'm hurrying.

- quickly 빨리
- ready 준비가 다 된
- go 나가다
- time 시간
- wait 기다리다
- a little 조금
- while 잠깐, 동안
- hurry up 서두르다

CHECK-POINT 회화를 위한 영문법

1. Get ready.

숙어 '준비하다' 그냥 Ready!만으로도 "준비하세요!"라는 의미로 활용된다.

2. Almost.

'거의'라는 의미로 여기에서는 '조금만 더 있으면 된다'라는 뉘앙스이다.

3. had better + 동사

must(해야만 한다)보다 한결 부드러운 표현으로 '~하는 편이 좋다'의 의미로 가벼운 명령 표현으로 자주 사용한다.

have to는 긍정문에서는 '~해야 한다'라는 의미로 쓰인다. 구어에서는 가벼운 충고나 명령을 할 때 should, ought to, have got to라는 표현을 즐겨 사용하는 경향이 있다.
have to의 반대 표현은 '강한 금지'의 뉘앙스를 나타내는 표현으로 must not, should not (do), ought not to(~하지 않아도 된다, ~할 필요가 없다)라는 표현으로 쓰인다.

- Do I have to go there? 거기에 꼭 가야 해? ※Must I go there?
- Sorry, I've got to go. 미안하지만 이만 가야 해.
- I guess I'll have to rent a car. 차를 렌트해야 할 것 같아요.
- Will it have to be replaced? 그걸 교체해야 할까요?

Unit 5 등교나 출근할 때

흔히 출퇴근시간이나 통근시간을 commuting time이라 표현하는데 '등교하다'라는 말은 go to school이다. 걸어서 통학한다면 I go to school on foot.라고 하며, 버스로 통학한다면 I go to school by bus.라고 표현한다.
엄마가 자주하는 You'll be late.는 "지각하지 않게 서둘러라, 그러지 않으면 늦겠다."는 표현이다.

CONVERSATION 실전에 활용하는 다이얼로그

A: Have you got your lunch?
B: Yes, I have.

A: 도시락 챙겼어요?
B: 챙겼어요.

A: Don't be late for school.
B: Don't worry.

A: 학교에 지각하지 마세요.
B: 걱정 마세요.

Usage

⟨Have you got ~?(~를 가지고 있나요?)⟩은 ⟨Do you have ~?⟩라는 패턴문형과 유사한 표현으로써 '소유' 여부를 물어보는 표현이다.

- How long have you got? 시간 좀 있어요?
- Have you got the time? 지금 몇 시 입니까?
- Have you got better seats? 더 좋은 자리 없나요?
- Have you got anything in red? 빨간색 있나요?

 **BASIC EXPRESSIONS** 영어로 말해 봐!

☆ 잃어버린 거 없어요?

Do you have everything?

☆ 뭐 잃어버린 거 없어요?

Did you forget anything?

☆ 열쇠 가지고 있어요?

Have you got your key?

☆ 우산 가지고 있어요?

Have you got your umbrella?

☆ 도시락 챙겼어요?

Have you got your lunch?

☆ 늦을 것 같아요.

I'm going to be late.

☆ 너 지각할 거야.
유일 비 레잇
You'll be late.

☆ 우리 학교에 지각할 것 같아요.
위일 비 레잇 훠 스쿨
We'll be late for school.

☆ 학교에 지각하지 마세요.
돈 비 레잇 훠 스쿨
Don't be late for school.

☆ 엄마, 다녀올게요.
바이 맘
Bye, Mom.

☆ 잘 다녀오세요.
바이
Bye.

＊ Take care. 조심해서 다녀오세요.

ORDS

- everything 전부
- get 가지다
- key 열쇠
- umbrella 우산
- lunch 도시락, 점심
- school 학교

CHECK-POINT 회화를 위한 영문법

1. Do you have everything?

직역하면 "전부 가졌어요?"라는 뜻으로 학교 준비물을 챙겼는지를 묻는 표현이다.

2. Did you forget anything?

직역하면 "뭔가 잊었어요?"라는 뜻으로 재확인하는 표현법으로 '잊은 거 없나요?' 정도의 뉘앙스가 담긴 표현이다.

3. I'm going to be late.

be late는 '지각하다, 늦다'인데 be going to라는 표현은 "~할 것 같다(예상)"라는 어기가 내포되어 있다.

Bye.는 '다녀올게요. / 다녀오세요.'의 의미로써 친근한 사이에서만 쓸 수 있는 표현법이다. Take care.는 '잘 가세요. / 몸조심 하세요.'라는 작별의 인사 표현으로써 So long!(잘 가!)이라는 표현과 유사하다.

- Good-bye.
- Bye. *Bye-Bye.
- Later. *See you later.
- Farewell.
- Take care of yourself.

Unit 6 숙제와 관련된 표현을 할 때

숙제는 집에서 하는 공부이므로 homework라고 하는데 사실 미국에서는 숙제를 assignment라고도 표현한다. 과제물을 '제출하다'는 turn in이라고 하는데 보고서와 리포터와 관련된 것에는 present, submit, deliver 등을 쓴다. 흔히 대학에서 말하는 보고서(리포트, report)는 '(신문·잡지의) 글, 기사'를 지칭하는 article이라는 의미로도 활용된다.

CONVERSATION 실전에 활용하는 다이얼로그

A: Did you do your homework?
B: Yes, I did.

A: 숙제했어요?
B: 네, 했어요.

A: I forgot to do my homework.
B: Oh, my god!

A: 숙제하는 걸 잊어버렸어요.
B: 말도 안 돼요!

Usage

동서양을 막론하고 놀라움을 표현할 경우에 '하느님'이나 '엄마'를 찾는 경향이 있는데 다음과 같은 표현을 익혀 두자.

♣ 믿기지 않을 때
- Unbelievable! *Incredible!
- Impossible!
- I can't believe it.
- It can't be true.

♣ 전혀 예상하지 못했을 때
- Oh, my God! *Oh, my! / Oh, boy!
- Oh, my gosh!
- Oh, dear!
- Oh, my goodness!

BASIC EXPRESSIONS 영 어 로 말 해 봐 !

☆ 숙제했어요?

디쥬 두 유어 홈워크
Did you do your homework?

☆ 숙제하는 걸 잊어버렸어요.

아이 훠갓 투 두 마이 홈워크
I forgot to do my homework.

☆ 숙제 다 했나요?

디쥬 겟 유어 홈웍 단
Did you get your homework done?

＊ Are you done with your homework?라고 표현해도 무방하다.

☆ 숙제할 시간입니다.

잇츠 타임 투 두 유어 홈워크
It's time to do your homework.

☆ 오늘 해야 할 숙제가 너무 많아요.

아이 해브 투 머취 홈워크 투 두 투데이
I have too much homework to do today.

☆ 잠자기 전에 다 할 거예요.

아일 두잇 비훠 아이 고 투 베드
I'll do it before I go to bed.

☆ 숙제하기 싫어요.
I don't like this assignment.
이 돈 라익 디스 어싸인먼트

☆ 숙제 제출했어요?
Did you turn in your homework?
디쥬 턴인 유어 홈워크

☆ 이 수업은 지겨워요.
This class is really boring.
디스 클래스 이즈 리얼리 보-링

☆ 드디어 점심시간이다!
It's finally lunch time!
잇츠 파이너리 런취 타임

- homework 숙제
- forgot 잊다 *forget (잊다)의 과거형
- lunch time 점심시간
- boring 재미없는, 지루한

1. do your homework

숙어 do one's homework 는 '숙제를 하다' 이다.

2. Did you turn in your homework?

숙제나 과제물을 제출했는지를 확인하는 표현으로 turn in은 '제출하다'라는 의미로 쓰인다.

3. is boring

〈be동사 + boring〉 문형으로 '~는 지겹다'는 의미이다. boring은 형용사로써 '재미없는, 지루한'의 뜻으로 사용된다.

boring(재미없는, 지루한)은 bore의 현재분사를 활용하여 형용사적인 의미로 쓰였는데 영어에서는 표현의 다양성을 극대화하는 차원에서 품사의 전용이 활발하게 일어나는 편이다. 또한 bore가 '뚫다'라는 의미일 경우에는 boring은 명사형으로 '천공, 구멍뚫기'의 의미로 쓰여진다.

💬 저는 지금 지루하군요!

- I am boring now. 나는 지루한 사람입니다.
- I am bored now. 나는 지금 지루합니다.

💬 오늘은 몹시 지루한 날이군요!

- It's been such a long day!
- It's been a boring day.

Unit 7 시험 관련 표현을 할 때

학창시절엔 시험(test)만큼 중요한 것도 없다. 게으른 학생도 시험을 앞두면 공부를 하므로 시험은 실력향상에 큰 도움이 되는 것도 사실이다. 쪽지시험은 quiz라고 하고 표현하며, 중간고사는 midterm이고, 기말고사는 final exam이라고 한다.
주로 학교 성적표(report card)는 school report라고 하며, 벼락치기로 공부는 cram for the exam이라고 표현한다.

A: How was it?
B: I got a hundred!

A: (시험) 어땠어요?
B: 만점 받았어요!

A: We have a math exam tomorrow.
B: I almost forgot!

A: 내일 수학 시험이 있어요.
B: 잊어버릴 뻔했어요!

Usage

어떤 일의 결과가 힘들었는지, 시험의 결과로써 성적이 좋았는지, 영화나 공연 등이 재미있었는지 그 여부를 묻는 표현법으로 How was it?처럼 과거형의 동사 was를 활용하곤 한다.

- 여행 : How was your trip? 여행은 어땠어요?
- 미팅 : How was your blind date? 소개팅은 어땠어요?
- 영화 : How was the movie? 영화는 어땠어요?
- 면접 : How was your job interview? 면접은 어땠어요?

☆ 오늘 시험이에요.

아이   해버   테슷[테스트]   투데이
I have a test today.

☆ 오늘 수학 시험이에요.

아이   해버   매쓰   이그잼   투데이
I have a math exam today.

☆ 역사시간에 쪽지 시험이 있어요.

위   해버   팝   퀴즈   인   히스토리   클래스
We have a pop quiz in history class.

☆ 이거 시험에 나올 것 같아요.

디스   윌   비   온   더   이그잼
This will be on the exam.

☆ 부정행위를 하지 마세요.

노   취링[취팅]   얼라우드
No cheating allowed.

☆ 결과가 걱정이에요.

아임   워리드   어바웃   더   리절츠
I'm worried about the results.

☆ 어땠어요?

_{하우 워즈 잇}
How was it?

☆ 답안지 돌려받았어요?

_{디쥬 겟츄어 앤써 씨트 백}
Did you get your answer sheet back?

☆ 나 만점 받았어요!

_{아이 가러 헌드러드}
I got a hundred!

☆ 70점 받았어요.

_{아이 갓 쎄븐티 포인츠}
I got seventy points.

☆ 부주의한 실수가 많았어요.

_{아이 메이드 쏘 메니 케어러스 미스테익스}
I made so many careless mistakes.

- test 테스트, 시험
- math 수학 *mathematics (수학)의 줄임말
- exam 시험 *examination (시험)의 줄임말
- quiz 쪽지 시험
- cheating (시험에서의) 부정 행위
- result 결과
- answer sheet 답안지
- careless mistake 부주의한 실수, 경솔한 잘못

CHECK·POINT 회 화 를 위 한 영 문 법

1. No cheating allowed.

cheat는 '부정행위(컨닝)를 하다', allow는 '허락하다'로 '부정행위하는 것을 허락하지 않는다'는 의미이다.

2. How was it?

'어땠어요?'라는 표현인데 다양한 상황에서 사용할 수 있다.

3. I got a hundred!

100점은 '만점'을 의미하는데, 영어로 만점을 perfect score라고도 표현한다. 이를 달리 표현하면 I aced the exam. / I win[get] a full mark in an exam.라는 표현으로도 대체할 수 있다.

영미권에서는 부정행위나 컨닝을 cunning이라 표현하지 않고 cheating이라는 표현을 사용한다. cunning은 '교활한'이라는 의미로 활용된다. 동사 cheat은 '(게임이나 카드놀이에서) 속임수를 쓰다'라는 의미이다. '시험에서 부정행위를 하다'라는 표현은 cheat on an examination, cheat on a test이다.

💬 컨닝하지 마라. / 부정행위를 하지 마세요.

- No cheating.
- Let's not cheat on the exam. *a cunning liar 교활한 거짓말쟁이

Unit 8 학교생활을 할 때

초등학교는 elementary school, 중학교는 middle school, 고등학교는 high school, 대학교는 college(단과대)와 university(종합대)로 구분된다. 또 한편으로 학년을 나타낼 경우에는 grade라는 표현을 활용한다. absent는 보통 결석이나 불출석을 의미하고, 강의를 한 번 빼먹는 것은 동사로 drop이라 한다. 가령, Can I drop your class just for today lecture?(오늘 강의에 빠져도 되겠습니까?) 처럼 표현해도 무방하다.

CONVERSATION 실전에 활용하는 다이얼로그

A: I'm sorry I'm late.
B: You're late again.

A: 늦어서 미안해요.
B: 또 늦었군요.

A: What grade are you in?
B: I'm in the 5th grade.

A: 몇 학년이에요?
B: 5학년이에요.

Usage
상대방에게 어떤 것에 대하여 사과를 하거나 사죄를 하고자 할 때 I'm sorry ~ 라는 표현 뒤에 '부정사구'나 '절'로 구체적인 이유를 제시하면 된다. 원래 I'm sorry.는 유감스러운 상황에 활용되는 표현이므로 유의해야 한다.

- I'm sorry. I am very busy tomorrow. 미안하지만 저는 내일 매우 바빠요.
- I am sorry to keep you waiting. 오래 기다리게 해서 미안합니다.
- I am sorry that I was late for the class. 수업에 늦어서 죄송합니다.
  (= I am sorry because I was late for the class.)

☆ 오늘 미나는 결석인가요?

이즈 미나 앱썬트 투데이
Is Mina absent today?

☆ 미나는 오늘 결석이에요.

미나 이즈 앱썬트 투데이
Mina is absent today.

☆ 태원이는 어제 결석했어요.

태원 워즈 앱썬트 예스터데이
Taewon was absent yesterday.

☆ 늦어서 미안해요.

아임 쏘리 아임 레잇
I'm sorry I'm late.

☆ 몇 학년이에요?

왓 그레이드 아 유 인
What grade are you in?

☆ 3학년이에요.

아임 인 더 써드 그레이드
I'm in the 3rd grade.

☆ 무슨 부예요?

왓 클럽 두 유 비롱 투
What club do you belong to?

☆ 저는 농구부 소속이에요.

아이 비롱 투 더 배스킷볼 클럽
I belong to the basketball club.

☆ 매일 부서 연습이 있어요.

위 해브 프랙티스 에브리 데이
We have practice every day.

☆ 연습이 너무 힘들어요.

더 트레이닝 이즈 베리 하드
The training is very hard.

＊ The training is too tough.라고 표현해도 무방하다.

WORDS

- absent 결석
- grade 학년
- club 클럽, 부
- belong to ~에 소속하다
- training 연습, 훈련
- practice 연습
- every day 매일
- basketball 농구
- baseball 야구

CHECK-POINT 회화를 위한 영문법

1. I'm sorry I'm late.

"늦어서 미안해요."라고 사과할 때 사용하는 표현이다.

2. belong to

특정한 단체나 클럽에 소속되어 있을 때 사용하는 표현이다. 특별활동은 extra curricular activity라고 한다.

3. We have practice every day.

이 경우 have는 '~가 있다'는 의미로 사용된다. 목적어로 수업이나 약속도 올 수 있다.
I have a class. 저는 수업이 있어요.
I have an appointment tonight. 저는 오늘밤 약속이 있어요.

주로 학년은 grade를 사용하며, 1학년은 first-grade, 2학년은 second-grade, 3학년은 third- grade, 4학년은 fourth-grade, 5학년은 fifth-grade, 6학년은 sixth-grade이다.
그럼 대학생은 어떻게 구분할까?

- 1학년: Freshman
- 2학년: Sophomore
- 3학년: Junior
- 4학년: Senior

Unit 9 어떤 결과를 물어볼 때

어떤 일이나 행사의 결과가 궁금할 때 물어보는 표현에는 동사의 과거형을 사용하여 〈How was ~?〉, 〈How did you like ~?〉, 〈What did you think of ~?〉 등과 같은 패턴문형을 활용한다.
식은 죽먹기처럼 쉬웠을 때 It was a piece of cake. / It was very easy.라는 표현을 사용하며, 반대로 어려웠다면 It was very hard for me. / It's more difficult than I expected.라는 표현이 가능할 것이다.

CONVERSATION 실전에 활용하는 다이얼로그

A: How was the date?

B: Perfect.

A: 데이트는 어땠어요?
B: 완벽했어요.

A: How were your finals?

B: Not too good.

A: 기말시험 어땠어요?
B: 그냥 그저 그래요.

Usage

Not too good.은 '(몸이나 건강 따위가) 별로 좋지 않다'라는 표현으로써 I'm fine.과 반대의 표현법이다. Not (too, so) bad.는 '좋다'는 뜻으로 쓰이고, So-so.는 중간 정도의 "그저 그래요."라는 용법으로 쓰인다.

- **Not too good.** 별로 좋지 않아요. ＊Not so good.
- **Not bad.** 그다지 나쁘지 않아요. / 좋아요. ＊Quite good.

 **BASIC EXPRESSIONS** 영 어 로 말 해 봐 !

☆ 시험 어땠어요?

하우 워즈 더 테스트
How was the test?
= How do you think you did on the test?

☆ 시합 어땠어요?

하우 워즈 더 게임
How was the game?

☆ 기말시험 어땠어요?

하우 워 유어 파이널스
How were your finals?

☆ 학교는 어땠어요?

하우 워즈 스쿨
How was school?

☆ 영화는 어땠어요?

하우 워즈 더 무비
How was the movie?

☆ 데이트는 어땠어요?

하우 워즈 더 데잇
How was the date?

☆ 드라이브는 어땠어요?

하우   워즈   더   드라이브
How was the drive?

☆ 회의는 어땠어요?

하우   워즈   더   미팅
How was the meeting?

☆ 그 결과는 어땠어요?

하우   디딧   터나웃
How did it turn out?

☆ 어떻게 진행되어 가고 있어요?

하-아유   메이킹   아웃
How are you making out?

☆ 결혼 생활은 어때요?

하우즈   메리드   라이프
How's married life?

WORDS

- How ~? ~는 어때요?
- test 시험
- game 시합
- final 기말시험
- school 학교
- movie 영화
- date 데이트
- drive 드라이브
- meeting 회의
- married life 결혼생활

CHECK-POINT 회　화　를　위　한　영　문　법

1. How was ~?

어떤 일이나 행위의 결과를 묻는 것으로 "~는 어땠어요?"라는 캐주얼한 표현법이다.

2. How did it turn out?

turn out은 '결과로 ~가 되다'의 뜻으로 '~로 처리하다, 판명되다'의 의미로 쓰인다.

3. How are you making out?

make out은 '(어떻게) 처리하다, 해결하다'라는 뜻에서 '이해하다, 알아보다, 간파하다'라는 의미로 확장된다.

〈How + was/were(be동사의 과거형) ~?〉로 사물의 상태나 결과를 묻는 표현이며, 〈How + be동사 + 사람 ~?〉이 되면 건강이나 안부를 묻는 인사말이 된다. 가령, How are you?(안녕하세요?), How is your sister?(여동생은 잘 지내니?), How are they?(그들은 잘 지내니?) 등과 같은 표현법을 익혀 두자.

- 날씨 : How was the weather?
- 비행 : How was your flight?
- 연습 : How was baseball practice?
- 학교 : How was your first day of school?

Unit 10 귀가할 때

초인종(doorbell)이 울릴(ringing) 때 거기에 응답하는 것을 answer the door라고 한다. 또 밖에 나갔다가 집에 들어오면서 "다녀왔습니다."라는 인사는 I'm home. 또는 I'm coming.이라고 표현한다. 간단한 문장이지만 모르면 생각해내기 어려운 표현이다.
귀가하는 사람을 맞이할 때 손님이라면 Welcome!하면 되지만 식구에게는 그냥 You're home.(다녀오셨어요.)이라고 하면 된다.

 실 전 에 활 용 하 는 다 이 얼 로 그

A: I'm home.
B: Hi, Dad.

A: 다녀왔어요!
B: 어서 오세요, 아빠.

A: Did you straighten your shoes?
B: I did.

A: 신발 정리했나요?
B: 네, 했어요.

Usage
영어다운 표현 가운데 "다녀왔습니다."에 해당되는 I'm home. / I'm back.이라는 표현은 영어적인 사고가 담겨 있는 표현이다. 가령, Where am I?라는 표현은 어떤 의미로 활용될까? 바로 "여기가 어디예요? / 여기가 어딥니까?"라는 뉘앙스를 내포한 문장표현이다.

- I'm home from school.
- Mom, here I am! ※(= Mom, I'm home.)

BASIC EXPRESSIONS 영 어 로 말 해 봐 !

☆ 다녀왔어요.

아임 홈
I'm home.

☆ 다녀왔어요.

하이
Hi.

※ 어서 오십시오.

☆ 현관문 좀 열어주세요.

언락 더 프런트 도어
Unlock the front door.

☆ 우편함 좀 확인해 보세요.

첵크 더 메일 박스
Check the mail box.

☆ 우편물 가져 오세요.

테이카웃 더 메일
Take out the mail.

☆ 먼저 난방기 좀 켜주세요.

터논 더 히터 퍼스트
Turn on the heater first.

☆ 자동응답기를 확인해주세요.

체크   더   메씨지스   온   더   앤써링
Check the messages on the answering
머신
machine.

☆ 우산을 접어주세요.

클로즈   유어   엄브렐러
Close your umbrella.

☆ 신발을 나란히 놓았나요?

디쥬   스트레잇튼   유어   슈즈
Did you straighten your shoes?

☆ 코트 걸어놓았어요?

디쥬   행업   유어   코트
Did you hang up your coat?

- doorbell 초인종
- take out 꺼내다
- heater 난방기구
- mail box 우편물 박스
- answering machine 자동응답기
- message 메시지
- straighten 정리하다
- hang up 옷걸이에 걸다

CHECK-POINT 회 화 를 위 한 영 문 법

1. I'm home.

직역하면 "나는 집에 있다."이지만 '이제 집에 도착했어요.'라고 생각하면 된다.

2. Hi.

영미권에서는 편한 사이인 경우에는 "다녀왔어요." "어서 와."처럼 만나고 헤어질 때 모두 Hi로 해결된다.

3. Close your umbrella.

close 대신에 fold, shut라는 동사를 활용해도 된다. "우산을 펴라."는 Open your umbrella.라고 표현하면 된다.

집으로 귀가하는 사람에게 행할 수 있는 "다녀오셨어요!"에 해당되는 인사표현으로 You're home. / Welcome home! / Welcome back!이라는 표현이 있는데 이와 유사한 표현법도 함께 알아두도록 하자.
이의 대체표현은 〈How was/were ~?〉 혹은 〈Did you have ~?〉라는 패턴 문형으로 활용해도 얼마든지 무방하다.

- 여행 : How was your trip?
- 일과 : How was your day?
- 학교 : How was your school?
- 업무 : How was your work?

Unit 11 샤워할 때

샤워는 두통(headache)을 약화시키고 몸의 긴장(tension)을 풀어준다. 주의할 점은 운동 후 과열된(overheated) 몸에 찬물을 끼얹으면 심장마비의 우려가 있으니 운동 후에는 차갑지도 뜨겁지도 않은 미지근한(lukewarm) 물이 가장 좋다.

흔히 영국에서는 '샤워하다'는 have a shower란 표현을 쓰는 반면에 미국에서는 take a shower란 표현을 사용한다.

CONVERSATION 실 전 에 활 용 하 는 다 이 얼 로 그

A: The bath is ready.
B: Thank you.

A: 목욕탕 물 다 받았어요.
B: 고마워요.

A: Take a bath.
B: I'm watching TV now.

A: 목욕하세요.
B: 지금 TV보고 있어요.

Usage

감사의 인사표현에는 일반적으로 Thanks.나 Thank you.가 주로 활용되곤 하지만 상황에 따라 얼마든지 달리 표현할 수 있도록 유사한 표현들을 익혀두 길 바란다.

감사의 표현법에는 〈Thank you for your ~〉라는 패턴문형으로 감사의 구체 성을 드러내기도 하지만 요즘에는 Thank you very much. 대신에 다음과 같 은 표현도 자주 쓰인다.

- Thanks a lot.
- Thanks a million.

BASIC EXPRESSIONS 영 어 로 말 해 봐 !

☆ 목욕 준비되었나요?

이즈 더 배쓰 레디
Is the bath ready?

☆ 목욕 준비 다 되었어요.

더 배쓰 이즈 레디
The bath is ready.

☆ 목욕하세요.

테이커 배쓰
Take a bath.

☆ 저는 샤워하는 중이에요.

아임 테이킹 어 샤워
I'm taking a shower.

☆ 물이 너무 차가워요!

잇츠 투 콜드
It's too cold!

＊ This water is very cold.라고 표현해도 무방하다.

☆ 수건 좀 주세요.

깁미 어 타월 플리즈
Give me a towel, please.

☆ 샴푸 좀 주세요.

_{깁미 썸 샴푸 플리즈}
Give me some shampoo, please.

*Give me some soap, please.(비누 좀 주세요.) / Give me some toothpaste, please.(치약 좀 주세요.)라는 표현도 알아두자.

☆ 드라이어로 머리를 말리세요.

_{블로우-드라이 유어 헤어}
Blow-dry your hair.

☆ 몸을 닦으세요. / 몸을 말리세요.

_{드라이 유어쎌프}
Dry yourself off.

☆ 수건으로 물을 닦으세요.

_{플리즈 드라이 유어쎌프 윗 디스 타월}
Please dry yourself with this towel.

- take a bath 목욕하다
- take a shower 샤워하다
- blow-dry 드라이어로 말리다
- hair 머리카락
- dry off 닦다

 **CHECK-POINT** 회　화　를　위　한　영　문　법

1. Is the bath ready?

직역하면 "목욕 준비 다 되었나요?"라는 뜻으로 쓰이는데 욕조에 물을 받아놓았는지를 확인하는 표현법이다.

2. Give me a towel, please.

구어에서는 그냥 Towel, please!라는 표현만으로 충분하며, 정중하게 표현하려면 Will you give me a towel? / Could you give me a towel?라고 하면 된다.

3. Dry yourself off.

'몸의 물기를 닦다', 말리다의 경우에 '몸'은 body가 아니라 yourself(당신 자신)라고 한다.

칫솔(toothbrush), 수건(towel), 샴푸(shampoo) 따위를 가져다 달라고 부탁할 때 다음과 같은 문형을 활용하면 편리하다. 그냥 Soap, please.(비누 좀 주세요.)라고도 할 수 있다.

💬 Let me get ~
　　Let me get a soap.

💬 Give me ~, please.
　　Give me a soap, please.

💬 Please bring me ~
　　Please bring me a soap.

Unit 12 여가생활을 즐길 때

남들보다 영어회화를 잘하려면 제일 좋은 건 영미권에 가서 부딪히며 살아보는 것이고, 두 번째는 한국에 머물고 있는 외국인을 친구나 애인으로 만드는 것이다. 하지만 그런 기회가 없다고 한탄할 필요는 없다.

일상생활을 하면서 평소에 영어로 말하는 습관을 기르거나 눈에 보이는 광고나 사물 따위를 영어로 말해보는 것이다. 그리고 영어로 일기를 써보면 영어 실력이 급속도로 올라갈 것이다.

 CONVERSATION 실 전 에 활 용 하 는 다 이 얼 로 그

A: I've gained some weight.

B: Really?

A: 체중이 늘었어요.

B: 정말요?

A: I'll watch the sports news.

B: Don't change the channel now.

A: 스포츠 뉴스 봐야겠어요.

B: 채널 바꾸지 마세요.

Usage

상대방의 말에 대하여 맞장구를 칠 때 반문의 어감을 나타내는 응답표현으로 Really?(정말이에요?)가 가장 많이 활용되는데 문미를 강하게 끌어올려서 표현하면 된다. 그밖에도 다양한 표현법이 있으므로 익혀서 요긴하게 활용하도록 하자.

- Are you sure?
- Is that right?
- Is that so?
- Indeed?

☆ 역시 내 집이 좋군요.

It's good to be home.

☆ 화장을 지워야겠어요.

I'll wash off my make-up.

☆ 물이 따뜻하니까 좋네요.

The hot water feels great.

☆ 저는 체중이 늘었어요.

I've gained some weight.

＊ reduce one's weight 체중을 줄이다

☆ 저는 곧 잠들 것 같아요.

I'm going to fall asleep.

☆ 저는 스포츠 뉴스를 봐야겠어요.

I'll watch the sports news.

☆ 저는 축구 시합이 끝났는지 궁금해요.
　　아이　원더　이프　더　싸커　게임　이즈　오버
I wonder if the soccer game is over.

☆ 저는 CD를 틀어드릴게요.
　　아일　플레이　더　씨디
I'll play the CD.

☆ 저는 자기 전에 술 한잔해야겠어요.
　　아일　해버　나이트캡
I'll have a nightcap.

☆ 저는 맥주가 너무 마시고 싶어요.
　　아임　다잉　훠러　비어
I'm dying for a beer.

☆ 저는 자러 가야겠어요.
　　아일　겟　인투　베드
I'll get into bed.

- wash off 씻어서 떨어뜨리다
- make-up 화장
- weight 체중, 무게
- fall asleep 잠들다
- sports news 스포츠 뉴스
- soccer game 축구 시합
- nightcap 자기 전에 마시는 술
- get into ~의 속에 들어가다

 회 화 를 위 한 영 문 법

1. The hot water feels great.

직역하면 "뜨거운 물은 상당히 기분이 좋다."인데 뜨거운 물은 피로를 풀어주는 효과가 있기 때문이다.

2. I wonder if ~

'~인가? / ~일까요? / ~가 궁금하다'라는 뜻이다.

3. I'm dying for ~

무언가를 간절하게 열망할 때 '~를 가지고 싶어서 죽겠다'라는 뉘앙스이다.

상대방에게 질문을 할 때 동사를 문두에 오게 하는 직접 의문문이 주로 활용되지만 다소 불확실한 경우에는 간접 의문문을 활용하기도 한다. 대표적인 간접 의문문의 형태로는 〈I wonder if ~〉, 〈I wonder + 의문사 ~〉, 〈Let me ~〉 따위가 주로 사용되고 있다.

😀 (혹시) 내일 비가 올까요?
- 직접 의문문 : Will it rain tomorrow?
- 간접 의문문 : I wonder if it'll rain tomorrow.

😀 이걸 영어로 뭐라고 부를까요?
- 직접 의문문 : How do you say this in English?
- 간접 의문문 : I wonder how you say this in English.

Unit 13 잠잘 준비를 할 때

아침에 잠에서 깨워주는 morning call은 잘못된 콩글리시(broken english)이고 wake-up call이라고 해야 옳은 표현법이다. 가령, '알람(시계)을 7시에 맞추다'라는 표현은 set the alarm for 7 o'clock이라고 표현한다.

대도시 부근의 휴식을 취할 용도로 만든 위성도시인 bed town도 일본식 영어이므로 commuter town이나 bedroom community라고 해야 통하며, 그리고 원룸은 flatlet 혹은 studio라고 표현해야 한다.

CONVERSATION 실 전 에 활 용 하 는 다 이 얼 로 그

A: What time should I set the alarm?
B: Six o'clock.
A: 알람은 몇 시로 설정할까요?
B: 6시요.

A: I can't get to sleep.
B: Why don't you have a nightcap?
A: 잠을 잘 수가 없어요.
B: 자기 전에 술이라도 한 잔 하지 그래요?

Usage

영어에서 get이라는 만능동사는 다양한 뜻을 내포하고 있으므로 사용할 때 유의하길 바란다. get to는 '(어떤 결과) ~에 이르다', get rid of는 '제거하다', get over는 '회복하다', get out of는 '회피하다, 버리다'라는 뜻으로 쓰인다.

- I can't get to sleep with all that singing. 그 노래 때문에 잠잘 수가 없어요.
- I can't get rid of this cough. 기침이 멈추지 않아요.
- I can't get over the backache. 허리의 통증이 회복되지 않아요.
- I can't get out of my mind how I got angry at him.
  그에게 화를 낸 것이 마음에 걸린다.

 **BASIC EXPRESSIONS** 영 어 로 말 해 봐!

☆ 알람시계 맞추었나요?

디쥬 쎗 더 얼람 클락
Did you set the alarm clock?

☆ 알람은 몇 시로 설정할까요?

왓 타임 슈다이 쎗 더 얼람 클락
What time should I set the alarm clock?

☆ 알람을 7시로 설정해 주세요.

쎗 더 얼람 클락 훠 쎄븐
Set the alarm clock for seven.

☆ 저는 책이나 읽을래요.

아임 고잉 투 리드 어 북
I'm going to read a book.

☆ 이를 닦으셨어요?

디쥬 브러쉬 유어 티쓰
Did you brush your teeth?

☆ 불을 꺼도 되나요?

캐나이 터녺 더 라잇
Can I turn off the light?

☆ 램프 좀 꺼주세요.

터놉   더   램프
Turn off the lamp.

☆ 램프 켜 놓아도 되나요?

캐나이 리브   더   램폰
Can I leave the lamp on?

☆ 불을 켜놓지 마세요.

돈   리브   더   라이론
Don't leave the light on.

☆ 잠을 잘 수가 없어요.

아이 캔   겟   투   슬립
I can't get to sleep.

- **set** 설정하다, 맞추다
- **alarm clock** 자명종 시계
- **turn off** (전기·가스·수도 등을) 끄다
- **leave ~ on** ~을 켜 둔 채로 두다
- **get to sleep** 잠이 들다

 **CHECK·POINT** 회 하 를 위 한 영 문 법

1. Set the alarm clock for seven.

seven o'clock에서 o'clock은 흔히 생략된다.

2. brush your teeth

brush one's teeth라는 표현은 '이를 닦다'라는 의미를 나타낸다.

3. lamp

침대 옆 사이드테이블에 놓인 작은 등을 말한다.

nightcap은 '(잠자리에 들기 전에 마시는) 술 한잔'을 의미하였으나 night-cap은 칵테일(cocktail)을 지칭하기도 한다.
경우에 따라서 호텔의 객실 편의시설(amenity)의 하나로서 여성이 머리에 쓰고 잘 수 있도록 제공되는 위생적인 모자(night cap)를 일컫기도 한다.

- 수면용 안대 : sleep mask
- 보호용 눈가리개 : eye patch
- 수면제 : sleeping pill, sleeping tablet, sleeping drug
- 진통제 : painkiller, pain reliever; analgesic (의학)

Chapter 6

여가활동

요즘은 여가생활 자체가 일 못지않게 중시됨으로써
삶의 여유를 찾을 수 있는 각종 취미 활동이나
문화생활로써의 스포츠, 오락, 여행 등이 각광을 받고 있다.

Unit 1 자동차 여행할 때

주로 이동을 할 때 교통수단을 묻는 경우에 by bus(버스로), by ship(배로), by subway(지하철로), by airplane(비행기로), on foot(걸어서) 등과 같은 표현으로 응답하게 된다.
take over는 '접수하다, 점령하다'인데 여기에서는 '운전대를 차지하다', 즉 '물려주다, 넘겨주다'라는 의미가 된다.
여행의 종류는 해외여행(overseas), 도보여행(trekking, hiking), 배낭여행(backpacking, backpack trip) 등이 있다.

 **CONVERSATION** 실 전 에 활 용 하 는 다 이 얼 로 그

A: Let's go somewhere.
B: Where would you like to go?

A: 어딘가에 가자.
B: 어디 가고 싶어?

A: Will you walk or drive?
B: How long does it take?

A: 걸어서 갈래요, 아니면 차로 갈래요?
B: 어느 정도 걸려요?

Usage
시간의 소요와 거리의 정도를 묻는 표현법은 다양하므로 꼭 알아둘 필요가 있다.

♣ How long ~?(어느 정도 걸립니까?)의 표현법 ※시간

- How long will it take?
- How long will it take to get there?
- How long is it on foot? ※on foot 대신에 by bus도 가능함

♣ How far ~?(얼마나 멉니까?)의 표현법 ※거리

- Is it far from here? ※Is it far?
- How far is it from here?

BASIC EXPRESSIONS 영 어 로 말 해 봐 !

☆ 어딘가로 갑시다. / 여행을 떠납시다.

레츠 고 썸웨어
Let's go somewhere.

☆ 걸어서 갈래요, 아니면 차로 갈래요?

윌 유 워크 오어 드라이브
Will you walk or drive?

☆ 거기까지 어떻게 가요? ※교통수단

하- 아유 고잉 투 겟 데어
How are you going to get there?

☆ 집까지 어떻게 가요?

하- 아유 고잉 투 겟 홈
How are you going to get home?

☆ 차에 타세요.

겟 인 더 카
Get in the car.

☆ (운전) 교대할까요?

캐나이 테이코버
Can I take over?

☆ 운전 교대해 주실래요?

캔뉴 　　　테이코버
Can you take over?

☆ 어느 정도 걸려요?

하우롱 　　더짓　　테이크
How long does it take?

※ How long does it take by car? 차로 어느 정도 걸려요?

☆ 걸어서 20분 정도 걸려요.

잇　테익스　트웬티　미닛츠　온　풋
It takes twenty minutes on foot.

☆ 차로 1시간 걸려요.

잇　테익스　원　아워　바이　카
It takes one hour by car.

☆ 자, 도착했어요.

히어　위　아
Here we are.

- **somewhere** 어딘가
- **drive** 운전하다
- **get into** (차에) 타다
- **take over** 인계받다; 점령하다, 차지하다
- **take** (시간이) 걸리다
- **on foot** 걸어서

CHECK-POINT 회　화　를　위　한　영　문　법

1. How long does it take?

소요되는 시간이 어느 정도인지 물을 때 사용하는 표현이다.

2. It takes ~

'(시간 따위가) ~걸리다, 소요되다'라고 말할 때 쓰는 관용표현이다.

3. Here we are.

동행자에게 '도착했다'고 말하는 관용표현이다. Here I am.은 "다녀왔습니다. / 저 여기 있어요."라는 표현이다.

여행은 travel, traveling, trip, tour, journey, travel 등 다양하게 표현할 수 있다. 여행자는 우선적으로 신분증(passport)을 소지하고 있어야 하며, 만약의 경우를 대비하여 여행자보험(traveler's insurance)에 가입해야만 한다.

- 운전면허증: driver's license, driving license, driving permit
- 국제 운전면허증: international driving permit
- 임시 운전면허증: learner's permit
- 주민등록증: identification card(ID 카드)

Unit 2 운전할 때

자동차 용어 중에 특히나 일본식 영어표현이 많으므로 주의해야 한다. 먼저 '운전대'는 handle(핸들)이 아니고 steering wheel이고, '본네트'는 hood라고 해야 옳은 표현이다. 그리고 운전석 머리 위에 있는 '후사경'은 rear-view mirror이고 양옆에 있는 '백미러'는 side mirror라고 해야 한다.

CONVERSATION 실전에 활용하는 다이얼로그

A: I'm getting sleepy.
B: Can I take over?

A: 점점 졸려요.
B: 운전 교대해 줄까요?

A: The light is red!
B: Oops! Don't!

A: 빨간불이에요!
B: 어, 어, 안 돼요!

Usage

차량이나 교통과 관련된 용어는 꼭 알아두어야 한다. 특히 외국에서 교통사고가 나서 경찰서에 신고하거나 해당 보험에 도움을 요청할 수도 있기 때문이다. 연료는 oil이나 fuel라고 한다.

- **gas** : 휘발유(gasoline) ※경유 diesel
- **sticker** : 교통위반 티켓(딱지)
- **traffic violations** : 교통위반
- **flat tire** : 펑크
- **parking lot** : 주차장
- **speed limit** : 제한속도

BASIC EXPRESSIONS 영어로 말해봐!

☆ 속도 좀 줄여주세요.

_{슬로우 다운 플리즈}
Slow down, please.

☆ 속도 좀 올려주세요.

_{스피드 업 플리즈}
Speed up, please.

= Step on it.

☆ 우회전하세요.

_{턴 롸잇}
Turn right.

= Make a right.

☆ 좌회전하세요.

_{턴 레프트}
Turn left.

☆ 댁까지 바래다 드릴게요.

_{아일 드라이브 유 홈}
I'll drive you home.

✻ I'll give you a ride. 제가 태워 드릴게요.

☆ 나가는 김에 데려다 줄게요.

_{아일 드라이브 유 홈 와일 아임 애릿}
I'll drive you home while I'm at it.

☆ 빨간불이에요!
더 라잇 이즈 레드
The light is red!

☆ 브레이크를 밟아주세요!
스텝 온 더 브레이크
Step on the brake!

☆ 운전 좀 교대해 줄래요?
캔뉴 테이코버
Can you take over?

☆ 운전 좀 해줄래요?
캔뉴 드라이브 휘 미
Can you drive for me?

☆ 운전 중에 졸지 마세요.
돈 폴 어슬립 와일 드라이빙
Don't fall asleep while driving.

- drive 자동차를 운전하다
- light 신호
- red 빨간신호등 ＊녹색등(green)
- step on 밟다, 속도를 높이다
- brake 브레이크
- take over 교대하다

CHECK-POINT 회화를 위한 영문법

1. I'll drive you home.

직역을 하면 '내가 차로 너를 집까지 데려다 주다'이다.

2. I'll drive you home while I'm at it.

while I'm at it는 '내가 나가는 김에' 태워다주겠다는 의미이며, while you're at it은 '당신이 나가는 김에' 태워달라고 부탁할 때 활용한다.

3. take over

여기서는 '자동차 운전 순번을 넘겨주다'라는 의미이다. 즉, '(운전을) 교대해 주다'라는 뜻으로 쓰인다.

교통신호등은 traffic light이라고 하는데 signal lamp, signal light라고도 한다. 빨간신호등은 red light, 파란신호등은 blue light, 녹색신호등은 green light, 황색신호등은 yellow light이라고 부른다.

- 점멸등: direction indicators; blinkers, winkers
- 비상등: emergency light, hazard light(s)
- 전조등: headlight • headlamp 영국

Unit 3 사진촬영을 할 때

사진을 찍을 때 우리는 김치(Kimchi)라고 말하지만 서양인들은 Say cheese!라고 표현한다. 일반적으로 '사진을 찍다'는 take a picture[photograph]라고 하고 증명사진처럼 남이 찍어주는 경우는 have my portrait shot taken이라고 과거분사(p.p.)를 써서 표현한다. 사진을 구어로는 photo라고도 부르는데 요즘은 사진기(camera)하면 디지털카메라(digital camera)를 의미하며, 요즘에는 핸드폰에 거의 디지털카메라를 내장하고 있다.

  CONVERSATION 실 전 에 활 용 하 는 다 이 얼 로 그

A: Let's take some pictures here.
B: Good idea!

A: 여기서 사진 찍읍시다.
B: 좋은 생각이군요.

A: Can you take a picture of us?
B: Sure!

A: 저희 사진 좀 찍어 주시겠어요?
B: 네.

Usage

상대방에게 개인적인 사진을 찍어달라고 부탁할 경우에는 Could you take a picture for me, please? / Can you take a picture of me?라는 표현을 활용하며, 동료와 사진을 함께 찍을 때에는 Let's get a picture together.(사진 좀 같이 찍읍시다.)라고 말하면 된다.

♣ 사진을 찍어달라고 부탁할 때
· Can you take a snap for us?
· Would you mind taking a picture of us?

♣ 사진을 찍어주고자 할 때
· I'll take a picture for you. 제가 사진을 찍어줄게요.
· Do you want me to take a picture of you?

BASIC EXPRESSIONS 영어로 말해 봐!

☆ 여기서 사진 찍읍시다.

렛츠 테익 썸 픽쳐스 히어
Let's take some pictures here.

☆ 여기서 사진 찍는 게 어때요?

와이 돈 위 테익 썸 픽쳐스 히어
Why don't we take some pictures here?

☆ 저희 사진 좀 찍어 주시겠요?

캔뉴 테이커 픽쳐 옵 어스
Can you take a picture of us?

☆ 사진 좀 찍어 주세요.

테익 마이 픽쳐 플리즈
Take my picture, please.

☆ 여기를 누르세요.

프레스 디스 플리즈
Press this, please.

☆ 이쪽으로 와보세요. / 이리로 와 봐요.

컴 오버 히어
Come over here.

☆ 거기에 서세요.

스탠드   데어
Stand there.

☆ 움직이지 마세요. / 그대로 잠깐만 계세요.

홀돈
Hold on.

☆ '치즈'하세요!

쎄이   치즈
Say cheese!

＊사진을 찍을 때 "웃으세요!"라는 말에 해당되는 표현으로 Say 'Kimchi'!라고도 한다.

☆ 초점이 안 맞아요.

잇츠   아웃   포커스
It's out of focus.

WORDS

- picture 사진
- here 여기에서
- press 누르다
- come 오다
- over here 이쪽으로

- stand 서다
- there 거기에서
- say 말하다
- cheese 치즈
- out of focus 초점이 안 맞다

 **CHECK-POINT** 회 화 를 위 한 영 문 법

1. take some pictures

'사진을 좀 찍다'인데 숙어인 take a picture(사진을 한 번 찍다)도 알아두자.

2. I hope it comes out.

come out은 카메라로 찍은 화상이 '제대로 나오다'라는 말이다.

3. out of focus

'초점이 안 맞다'라는 뜻이다. 반대말은 in of focus(초점이 맞는)이다.

'핸드폰'은 cell phone, mobile phone이라고 부르는데 반해 '사진'은 photo(graph), 또는 picture라고 부른다. 그래서 요즘은 카메라하면 Digital Camera를 의미한다.
흔히 '사진을 찍다'라는 표현은 take a picture, take a photo라고 하고, 찍은 사진을 인화하는 것을 make a print(인화하다)라고 표현하며, 또한 '이메일로 요청하다'는 send a photo by e-mail라고 표현한다.

- 셀카봉(selfie stick): 사진을 혼자 찍을 때 사용하는 막대도구 ※조어
- 화소(pixel): 텔레비전이나 컴퓨터 화면의 화상을 구성하는 최소 단위
- 인화(print): 카메라로 찍은 사진 원판을 인화지에 출력하는 것

Unit 4 공원에서 놀 때

한국에서는 놀이터(playground)와 집 주변의 공원(park)에서 자주 노는데 반해 외국에서는 비교적 규모가 큰 놀이공원(amusement park)을 주로 이용한다.

놀이터(playground)에서 놀다 보면 신발에 모래가 들어가기도 한다. 그리고 그네(swing)나 철봉(exercise bar)에서 놀려면 꽉 잡아야 한다. 아이들은 늘 서두르기 쉬우므로 Take your time.(천천히 해라.)고 주의시켜야 한다.

 CONVERSATION 실 전 에 활 용 하 는 다 이 얼 로 그

A: What are you making?
B: I'm making a tunnel.

A: 뭐 만들고 있어요?
B: 터널을 만들고 있어요.

A: Let's play trains.
B: Who is the engineer?

A: 기차놀이를 하자.
B: 누가 운전수야?

Usage

〈Let's play ~(~합시다)〉라는 패턴문형은 상대방에게 스포츠, 게임, 놀이 따위를 같이 하자고 요청하는 표현으로써 아이들도 놀 때 가장 손쉽게 활용한다. 이러한 문장 표현 뒤에 '~, shall we?'라는 청유형의 부가의문문을 덧붙여주면 훨씬 더 공손한 표현이 된다.

- Let's play twenty questions. 스무고개놀이 합시다.
- Let's play pirates, shall we? 해적놀이 합시다. 할 거죠?
  *Let's play soccer.와 Let's go swimming.의 차이점은 뭘까요?

☆ 공원에 가자.
렛츠 고 투 더 파크
Let's go to the park.

☆ 그늘에서 놀아라.
플레이 인 더 쉐이드
Play in the shade.

☆ 함께 놀자. / 같이 놀자.
렛츠 플레이 투게더
Let's play together.

☆ 그네 타자.
렛츠 스윙
Let's swing.

☆ 미끄럼틀 타자.
렛츠 슬라이드
Let's slide.

☆ 모래밭에서 놀자.
렛츠 플레이 인 더 쌘드박스
Let's play in the sandbox.

☆ 터널을 만들고 있어요.
아임 메이킹 어 터널
I'm making a tunnel.

☆ 구멍을 파라.
디거 홀
Dig a hole.

☆ 기차놀이를 하자.
렛츠 플레이 트레인스
Let's play trains.

☆ 네가 제일 처음이야.
유 아 퍼슷 인 라인
You are first in line.

☆ 달리기 시합하자.
렛츠 레이스
Let's race.

- shade 그늘
- together 함께
- swing 그네
- slide 미끄럼틀
- sandbox 모래밭
- tunnel 터널
- dig 파다
- hole 구멍

CHECK-POINT 회　화　를　위　한　영　문　법

1. Let's play trains.

"기차놀이를 하자."라는 표현이다.

2. first in line

직역하면 '줄의 첫 번째'를 의미한다. 가령, be first in the line하면 '그 방면에서 일류이다'라는 의미이며, be last in the line하면 '그 방면에서 꼴찌이다'라는 의미로 쓰인다.

3. Let's race.

달리기 시합할 때 Ready, set, go! 혹은 Get, set, go!라고 신호를 준다.

영화를 찍을 때 감독이 카메라 작동과 연기 시작을 알리는 구호로 Ready, go[레디 고]!라고 하기도 하지만 달리기나 게임에서 시작을 알리는 신호로도 활용된다.

😀 시작 전에 준비 신호를 줄 때
- Get ready!
- Ready set!
- Ready, set, go! 제자리에, 준비, 출발!

😀 식사가 준비되었음을 알릴 때
- Dinner is served.
- Dinner is ready.
- Dinner is set.

Unit 5 산책할 때

일반적으로 산책은 walk나 stroll을 의미하는데 '산책을 하다'는 go for a walk, have a walk, take a walk처럼 다양하게 말할 수 있다.

운동이 건강에 좋다고 하는데 걷기(walking)는 부담이 없는 최고의 운동이다. 걷기는 좋은 아이디어를 떠오르게 해주고 스트레스를 줄여준다. 혈액순환에도 좋고 여러 가지 질병을 예방하는 효과가 있으며, 15분 이상 계속 빨리 걸으면 엔돌핀이 분비된다고 한다.

CONVERSATION 실전에 활용하는 다이얼로그

A: Which way shall we go?
B: Let's go that way.

A: 어느 쪽으로 갈까요?
B: 저쪽으로 가요.

A: I'm tired.
B: Let's take a rest here.

A: 저는 피곤해요.
B: 여기서 잠시 쉽시다.

Usage

which는 의문문에서 여러 중에서의 하나를 선택할 때 활용하는 의문사로, 주로 물건이나 사람을 지칭하는 표현에 쓰인다.

♣ which way 어느 쪽 *방향
- Which way is the post office? 우체국은 어느 쪽입니까?

♣ which one 어느 것 *물건, 종류
- Which one is heavier? 어느 것이 더 무겁습니까?

♣ which side 어느 편 *입장
- Which side are you on? 당신은 어느 편인가?

BASIC EXPRESSIONS 영 어 로 말 해 봐 !

☆ 산책 안 갈래요?

와이 돈 위 고 훠러웍
Why don't we go for a walk?

☆ 저는 산책 갈 겁니다.

아이 윌 테이커 웍
I will take a walk.

☆ 우리 손 잡아요.

렛츠 홀드 핸즈
Let's hold hands.

☆ 오른쪽으로 걸어요.

킵 라잇
Keep right.

＊ Keep left. 왼쪽으로 걸어요.

☆ 도로 끝으로 붙어주세요.

게론 더 싸이돕 더 로드
Get on the side of the road.

☆ 차가 옵니다.

어 카 이즈 커밍
A car is coming.

＊ Here's a car. 여기, 차가 와요.

☆ 어느 쪽으로 갈까요?
위치   웨이   쉘   위   고
Which way shall we go?

☆ 저쪽으로 가요.
렛츠   고   댓   웨이
Let's go that way.

☆ 오른쪽으로 비켜주세요.
온   유어   레프트
On your left.

☆ 여기서 잠시 쉽시다.
렛츠   테이커   레슷   히어
Let's take a rest here.

- hold 잡다, 쥐다
- side 가장자리
- which 어느
- way 길
- take a rest 쉬다

 회　화　를　위　한　영　문　법

1. go for a walk

숙어 '산책하러 가다'와 유사한 표현법으로 take a walk가 있으며, go for a crawl(천천히 산책하다)라도 사용된다.

2. On your left.

산책할 때 자전거나 오토바이가 '제가 당신의 왼쪽으로 지나갈 테니 오른쪽으로 비켜주세요.'라는 뜻이다.

3. take a rest

숙어 '잠시 쉬다, 휴식을 취하다'라는 표현은 have a rest, take a break도 같은 표현이다.

일반적으로 '느린 속도'를 slow pace, slow speed라는 표현을 활용하는데 보행 속도나 보통 걸음은 foot's pace라는 표현을 사용한다. 속보(walk fast)는 trot이라고 한다.

- 도보로(걸어서): on foot
  · go on foot 도보로 걷다

- 자전거로: on bicycle, by bicycle
  · go by bicycle, go on a bicycle 자전거로 가다

- 차로 / 기차로 / 비행기로: by car / by train / by plane[airplane]
  · go by car 차로 가다　＊go for a drive 드라이브가다
  · go by train 기차로 가다
  · go by airplane 비행기로 가다

Unit 6 애완동물과 산책할 때

서양은 애완동물(pet animal)도 가족과 같은 개념으로 인식되어 동물학대(animal cruelty, animal abuse)에 대해서는 매우 엄격한 처벌이 뒤따른다. 심지어 애완동물전문 병원, 카페, 장례공원 등이 매우 발달되어 있다.

개가 재롱을 피우는 것은 귀엽지만 배설물(dog waste)을 치우는 것은 귀찮은 일이다. 또 개를 데리고 대중교통을 이용할 때는 pet용 가방을 이용하는 것은 타인에 대한 최소한의 배려이다. 미국의 공원 곳곳에는 Pick up after your pet.(배설물을 치워라.)는 말이 적혀 있다.

CONVERSATION 실전에 활용하는 다이얼로그

A: Help me shampoo Happy.
B: Right now?

A: 해피 목욕 좀 도와주세요.
B: 지금 당장요?

A: Do you have a dog?
B: I have two dogs.

A: 개 기르고 있어요?
B: 두 마리 기르고 있어요.

Usage

흔히 〈Do you have ~?〉는 존재나 소유를 나타내는 표현으로 사용되지만 여기서는 have 동사가 '동작'을 나타낸다. 따라서 have a dog은 '개를 사육하다, 기르다'의 의미로 쓰여 own a dog이나 keep a dog이라는 뉘앙스를 담고 있다.

- I'd like to have a dog. 저는 개를 갖고 싶어요.
- Who does have a dog? 누구의 개입니까? *do의 강조용법
- I'm very happy to have a new dog! 새로운 강아지가 생겨서 너무 좋아요!

BASIC EXPRESSIONS 영어로 말해봐!

☆ 개 데리고 산책 갔다 오세요.

테익 더 독 훠러웍
Take the dog for a walk.

☆ 해피 목욕시켜 줄래요?

캔뉴 샴푸 해피
Can you shampoo Happy?

　＊Help me shampoo Happy. 해피 목욕 좀 도와주세요.

☆ 개를 밖으로 내보내요.

렛 더 독 아웃
Let the dog out.

☆ 강아지를 쓰다듬어 주세요.

펫 더 퍼피
Pet the puppy.

☆ 꼬리 밟지 않도록 조심하세요.

비 케어플 낫 투 스테본 히스 테일
Be careful not to step on his tail.

☆ 우리 개는 모르는 사람에게 짖어요.

아워 독 바악스 앳 스트레인저스
Our dog barks at strangers.

☆ 앉아.

씻 (다운)
Sit (down).

☆ 기다려.

스테이
Stay.

☆ 가만히 서 있어.

스탠(드)스틸
Standstill.

＊"(움직이지 말고) 가만히 서."라고 할 때 사용하는 표현으로써 '동작 그만, 정지, 멈춤 등의 의미로 쓰인다.

☆ 와서 먹어.

커맨   게릿
Come and get it.

- shampoo 샴푸하다, 목욕하다
- pet 쓰다듬다
- puppy 강아지
- step on 밟다
- bark 짖다
- stranger 낯선 사람
- stay 멈추다
- come 오다

CHECK-POINT 회　화　를　위　한　영　문　법

1. Take ~ for a walk.

'~을 산책에 데리고 가다'라는 뜻이다.

2. his tail

'개의 꼬리'를 뜻하는데 암컷이라면 her tail이다.

3. have

'개를 키우다'의 '키우다, 사육하다'라는 의미로 have를 사용한다.

최근에는 핵가족화가 심화되어 애완동물을 키우는 가정이 점점 많아지면서 이에 못지않게 애완동물 관련 사업도 발달하고 있다. 일상적인 대화에서도 애완동물을 기르는지에 관해 물어보는 Do you keep a pet at home?라는 질문이 오가게 된다.

💬 애완동물을 기르다: have a pet, keep a pet
- What kind of pet would you like to have?
  어떤 종류의 애완동물을 기르고 싶으세요?

💬 애완동물을 좋아하다
- I want to have a pet. 애완동물을 좋아해요.

💬 애완동물을 싫어하다
- I hate pets. 애완동물을 싫어해요.

Unit 7 TV를 켜고 끌 때

TV시청은 정보나 뉴스를 얻는 매체이기도 하지만 오락적 성격이 강해 현대인에게 TV는 떼어낼 수 없는 존재이다. 하루 종일 소파에 앉아 감자칩을 먹으며 TV를 보는 사람을 couch potato라고 부른다. TV를 '바보상자'라고도 하는데 영어로는 boob tube라 표현하기도 한다. TV는 본래 television을 줄여서 표현한 말인데 요즘은 유선으로 공중파를 공급받는 케이블TV도 있고, 컴퓨터를 통해 TV를 시청하는 경우도 있다.

CONVERSATION 실전에 활용하는 다이얼로그

A: Turn on the TV.
B: What channel?
A: TV를 켜주세요.
B: 몇 번 채널요?

A: Leave on the TV.
B: Why?
A: TV를 켜놓으세요.
B: 왜요?

Usage

〈Leave on ~(~한 상태로 두다)〉의 명령형의 표현은 구어체에서 활용되는 Leave me alone.(날 좀 내버려 둬!)와 같은 뜻으로도 사용되지만 leave on a trip(여행을 떠나다)과 같은 의미로도 표현되어 다음과 같은 2가지 뜻이 있다.

♣ (여행을) 떠나다(go away), 출발하다(depart)
· Tomorrow I leave on a business trip. 난 내일 출장을 떠날 겁니다.
· I'm leaving. 다녀올게요.

♣ (입은 채로) 그냥 두다, (켜 놓은 채로) 놓아두다
· Leave it on, I all the time to listen. 그냥 놔두세요. 쭉 듣고 있으니까요.
· Don't leave your stuff here. 여기 당신 물건 좀 놔두지 마세요.

BASIC EXPRESSIONS 영 어 로 말 해 봐 !

☆ TV를 켜주세요.

터논 더 티비
Turn on the TV.

＊ Turn off the TV. TV를 꺼주세요.

☆ TV를 켜도 되나요?

메이 아이 터논 더 티비
May I turn on the TV?

☆ TV 끄지 마세요.

돈 터놉 더 티비
Don't turn off the TV.

☆ TV를 켜놓으세요.

리본 더 티비
Leave on the TV.

＊ Leave off the TV. TV를 꺼주세요.

☆ TV 소리를 키워 주세요.

터넙 더 티비
Turn up the TV.

☆ TV 소리를 줄여 주세요.

턴 다운 더 티비
Turn down the TV.

☆ 볼륨 좀 더 키워주세요.

펌펍 　 더 　 볼륨
Pump up the volume.

☆ 소리 좀 더 줄여주세요.

턴 　 다운 　 더 　 싸운드
Turn down the sound.

☆ 소리가 너무 커요.

잇츠 　 투 　 라우드
It's too loud.

☆ 소리가 너무 작아요.

잇츠 　 투 　 콰이엇
It's too quiet.

- turn on (전기제품을) 켜다
- TV(television) 텔레비전
- turn off (전기제품을) 끄다
- leave ~을 그대로 두다
- turn up 소리를 크게 하다
- turn down 소리를 작게 하다
- loud 소리가 큰
- quiet 조용한

 회 화 를 위 한 영 문 법

1. Pump up the volume.

간단하게 (Be) Louder.라고도 하는데 pump up은 '증대하다, 강화하다'의 슬랭표현이다.

2. Turn down the sound.

소리를 좀 더 줄여달라고 말할 때 quiet의 비교급을 활용하여 Quieter.라고 표현해도 무방하다.

3. It's too loud.

부사 too는 형용사인 loud를 강조하는 역할을 수행하므로 〈It's too ~〉는 '너무 ~하다'라는 패턴문형이다.

turn이라는 동사는 원래 라디오, TV, 카메라, 컴퓨터 따위의 스위치나 볼륨을 끄거나 켤 때 좌우로 돌리는 '회전' 개념에서 유래되었지만 요즘에는 on-off button 시스템에 의해 터치 개념으로 바뀌었으므로 당연히 turn 동사보다 push, press, touch 동사가 더 많이 활용되고 있다.

- 스위치를 누르다: press a switch, flick a switch
- 볼륨을 높이다: turn up the volume, raise the volume
- 초인종을 누르다: push the button, touch the button
- 컴퓨터를 켜다: turn on a computer, switch on a computer

Unit 8 TV프로그램을 말할 때

TV 프로그램 중에서 꼭 봐야 하는 프로그램을 must-see라고 표현하며, 반대로 따분하고 재미없는 것은 drag이라고 표현한다. 그리고 채널을 계속 바꾸는 것을 flipping이라고 한다. 텔레비전은 스포츠 중계, 드라마, 오락, 영화, 쇼, 뉴스 등으로 편성되어 시간대별로 다르게 방송되므로 시청자의 기호에 따라 선택할 수 있다.

CONVERSATION 실전에 활용하는 다이얼로그

A: What channel?
B: Channel 2.

A: 몇 번 채널이죠?
B: 2번입니다.

A: Isn't there anything else?
B: Nothing interesting.

A: 다른 거 뭐 없나요?
B: 재미있는 게 없어요.

Usage

Isn't there anything ~?은 Is there anything ~?과 비슷한 의미를 지닌 표현으로써 어법상의 차이가 있다. Isn't there anything else?는 원래 "그밖에 필요한 것 없으신가요?"라는 표현으로 활용되는데 여기서는 볼만한 다른 프로그램이 없는지를 묻는 표현법이다.

- Isn't there anything you wanna say to me? 나한테 할 말이 없어요?
- Isn't there anything interesting to do? 뭐 재미있는 거 없을까요?
- Is there anything I can do for you? 뭘 도와드릴까요?
  ＊Is there anything I can help you?

BASIC EXPRESSIONS 영 어 로 말 해 봐!

☆ TV를 봅시다.

렛츠 와취 티비
Let's watch TV.

☆ 재미있는 프로그램 없나요?

에니씽 인터레스팅 온
Anything interesting on?

☆ 좋은 프로그램 없나요?

에니씽 구론[굿온]
Anything good on?

☆ 다른 거 뭐 없나요?

이즌 데어 에니씽 엘스
Isn't there anything else?

☆ 오늘은 재미있는 프로그램 안 하네요.

데어즈 낫씽 굿 투데이
There's nothing good today.

☆ 오늘밤에 영화하네요.

데어즈 어 무비 투나잇
There's a movie tonight.

☆ 몇 번 채널이죠?

What channel?
_{왓 채널}

* What channel is it on? 그건 몇 번 채널에서 하죠?

☆ 2번이요.

Channel 2.
_{채널 투}

☆ 2번으로 돌려주세요.

Turn to channel 2.
_{턴 투 채널 투}

☆ 11번에서는 뭘 하나요?

What is on channel 11?
_{와리즈 온 채널 일레븐}

☆ 위성방송에서는 뭘 하나요?

What's on satellite?
_{왓츠 온 쌔털레잇}

- anything 뭔가
- interesting 재미있는
- movie 영화
- channel 채널
- change 바꾸다
- satellite 위성방송

 CHECK-POINT 회 화 를 위 한 영 문 법

1. Anything interesting on?

앞부분에 〈Is there ~?〉이 생략된 형태로써 on은 '방송중'이라는 뜻이다.

2. Anything good on?

앞부분에 〈Is there ~?〉가 생략된 형태이다.

3. What channel is it on?

직역하면 "그건 몇 번 채널에서 방송 중이죠?"라는 뜻으로 특정 프로그램이 방송하는 채널을 물을 때의 표현이다.

〈What's on ~?〉이라는 패턴문형은 '무슨 일이 생겼는가?, (지금 하고 있는) 프로는 무엇인가?, 무엇이 상연되고 있나?' 등과 같은 표현에 사용된다. 관용표현으로 What's on your mind?(어쩐 일이세요?(용무)) / What's going on?(무슨 일 있으세요?(인사))라는 표현이 널리 활용된다.

- What's on TV? TV에 뭐 해요?
- What's on next? 다음 TV프로는 뭐예요?
- What's on at the movies? 극장에서 영화 뭐해요?
- What's on the other side? 다른 채널에서는 뭐해요?
- What's on the agenda this time? 이번 시간에는 안건이 뭐예요?

Unit 9 프로그램의 편성에 대해 말할 때

TV를 싫어한다는 사람도 많지만 가족과 함께 TV를 시청하게 되는 경우가 많다. TV를 통하여 다양한 화젯거리를 이끌어낼 수가 있다. 이럴 때를 대비해서 TV와 관련된 표현을 알아두도록 하자. 시청자의 나이에 따라 방송시간대(programming)가 구별된다고 볼 수 있다. 낮에는 주로 아이들 위주로 편성되고, 초저녁엔 가족을 염두에 두는 반면에 늦은 저녁에는 어른들 위주로 편성하게 마련이다.

CONVERSATION 실 전 에 활 용 하 는 다 이 얼 로 그

A: What time does it start?
B: It's just begun.

A: 몇 시에 시작해요?
B: 이제 막 시작했어요.

A: When does it end?
B: At ten.

A: 몇 시에 끝나요?
B: 10시에요.

Usage

일반적으로 의문문은 두 가지로 구분할 수 있는데 응답 요령에서 그 차이를 찾으면 된다.

❶ yes/no 의문문(yes나 no로 대답하는 의문문)

문두에 be동사나 일반동사로 시작하는 의문문을 의미하는데 yes/no 의문문억양은 끝을 올리면 된다.

❷ 5W1H의문문(yes나 no로 대답할 수 없는 의문문)

문두에 5W1H(who, when, where, what, why, how)로 시작하는 의문문을 말하는데 의문사가 있는 의문문의 억양은 끝을 내린다.

BASIC EXPRESSIONS 영어로 말해봐!

☆ 몇 시에 시작해요?

What time does it start?

☆ 5시에요.

At five.

☆ 몇 시에 끝나요? / 언제 끝나요?

When does it end?

☆ 곧 시작해요.

It starts soon.

☆ 이제 곧 시작할 거예요.

It's going to start.

☆ 곧바로 시작할 거예요.

It's starting now.

☆ 이제 막 시작했어요.

잇츠 져슷 비건
It's just begun.

☆ 끝났어요.

잇츠 오버
It's over.

☆ 벌써 끝났어요.

잇츠 올레디 피니쉬트
It's already finished.

☆ 벌써 끝났어요.

잇츠 올레디 엔디드
It's already ended.

- start 시작하다
- soon 곧, 조만간
- now 벌써, 지금
- already 이미, 벌써
- finish 끝나다, 끝내다
- end 끝나다

 회　화　를　위　한　영　문　법

1. When does it end?

when은 '몇 시(언제)'라는 의미이다.

2. It's just begun.

It has just begun.은 현재완료형(has + p.p.)을 사용하여 '막 시작하여 지금 진행 중이다' 라는 표현이다.

3. It's over.

'종료했다' '끝났다' 등의 어감으로 사용된다.

의문사로 시작하는 의문문의 어순은 〈의문사 + 동사 + 주어〉이다. 일반 동사가 올 경우에는 조동사를 활용하는 것에 유의하길 바란다. 〈When ~ does it start?〉의 패턴문형은 "언제 ~시작합니까?"라고 묻는 표현법이다.

😊 언제 시작하죠? ※공연, 콘서트, 방송
- When does it start?
- What's the starting time?

😊 언제부터 시작됐죠? ※증상이나 징후의 시발점
- When did it start?
- How long have you had this?

Unit 10 프로그램을 녹화할 때

녹화할 때 TV 프로의 시간표(TV listing)가 필요한데 '녹화하다'는 정식표현으로 record가 있지만 tape라는 동사를 쓰기도 한다. 그리고 동영상 재생기를 우리는 VTR이라고 하지만 정식영어로는 VCR이라고 표현해야 한다.
요즘은 저장장치(storing device)가 발달되어 각종 mp3 소리파일이나 mp4 영상파일까지도 컴퓨터나 외장하드, 핸드폰에 저장하기도 한다.

CONVERSATION 실전에 활용하는 다이얼로그

A: Can you record this program?
B: Do it yourself.

A: 이 프로그램 녹화해 줄래요?
B: 당신이 직접 하세요.

A: Can you pause it?
B: This is the climax.

A: 일시정지 해줄래요?
B: 지금이 클라이맥스란 말이에요.

Usage

yourself는 you의 재귀대명사로써 사용되어 구어에서는 독특한 재귀대명사의 용법으로 활용되고 있다.

♣ 마음껏 드세요. : Help yourself. ＊Help yourself to the dishes.
　(= Take whatever you want.)

♣ 직접 하세요. : Do it yourself. (= It's self-service.)
　＊주유소에서 "셀프서비스입니다."라는 표현

♣ 즐겁게 보내세요. : Enjoy yourself.

♣ 마음대로 하세요. / 좋을대로 하세요. : Suit yourself.

BASIC EXPRESSIONS 영 어 로 말 해 봐!

☆ 이 프로그램 녹화해 줄래요?

캔뉴   리코더   디스   프로그램
Can you record this program?

☆ VCR을 켜주세요.

터논   더   브이씨알
Turn on the VCR.

☆ 비디오로 바꿔주세요.

스위취   투   더   비디오   쎄팅
Switch to the video setting.

☆ 일시정지 해줄래요?

캔뉴   포우짓
Can you pause it?

☆ 테이프 좀 멈춰 주세요.

스탑   더   테잎
Stop the tape.

☆ 테이프를 빨리 감아주세요.

패스트   포워더   테잎
Fast forward the tape.

☆ 그 빨간 것이 녹화용 버튼입니다.
That red button is the record.
댓 레드 버턴 이즈 더 리코더

☆ 이 프로그램 녹화하지 않을래요?
Why don't you record this program?
와이 돈츄 리코더 디스 프로그램

☆ 우리 대화를 녹화해도 괜찮습니까?
Do you mind if I videorecord our conversation?
두 유 마인드 이파이 비디오리코더 아워 컨버쎄이션

- program 프로그램
- turn on 스위치를 켜다
- switch 전환하다
- pause 일시정지하다
- tape 테이프
- fast forward 빨리 감다
- videorecord 녹화하다
- conversation 대화

1. Can you record this program?

record는 '기록을 하다'인데 '녹음(녹화)하다'라는 뜻으로도 사용된다.

2. VCR(Video Cassette Recorder)

보통 줄여서 VCR이라고 한다.

3. red button

녹음기나 비디오를 보면 녹음 및 녹화용 버튼은 빨간색이다.

디지털 세상이 되면서 Cassette tape이나 VCR 개념의 저장장치는 크게 의미가 없게 되고, 이제는 디지털저장시스템(digital storage system)을 많이 쓴다.

TV 프로를 비디오 테이프에 녹화하다
- videotape a TV program
- record a TV program on(to) a videotape

드라마를 비디오 테이프에 녹화하다
- record a drama on videotape
- videotape a drama on videotape

Unit 11 스포츠를 할 때

스포츠가 취미(hobby)로 각광을 받는데 낚시, 바둑, 등산 등과 같은 생활체육이 점차 활성화되고 있다.
골프에서 볼을 잘못 쳤을 경우에 사고를 미연에 방지하기 위해 "볼!"이라는 표현을 영어로 Fore![포에]라고 하는데 이는 look out before에서 유래된 표현이다.

 **CONVERSATION** 실 전 에 활 용 하 는 다 이 얼 로 그

A: What kind of sports do you like?
B: I like to play golf.

A: 어떤 스포츠를 좋아하세요?
B: 저는 골프를 좋아합니다.

A: Would you like to golf tomorrow?
B: Sure, why not.

A: 내일 골프 칠래요?
B: 네, 그러죠.

Usage

호텔이나 식당 등의 예약을 부탁할 경우에 사용하는 표현으로써 '예약을 하다'라는 표현은 make a reservation이라고 하는데 〈Would you like to ~?(~좀 해주실래요?)〉라는 패턴문형을 활용하여 Would you like to make a reservation (for me)?(예약 좀 해주시겠어요?)라고 표현한다.

♣ 드라이버 가실래요?
- Would you like to go for a drive?
- Let's go for a ride.
- How about going for a drive?
- Let's go for a spin around the block. ※관용표현

 **BASIC EXPRESSIONS** 영 어 로 말 해 봐 !

☆ 스포츠를 좋아하세요?

아 유 인터레스티드 인 에니 스포츠
Are you interested in any sports?

＊Do you go in for any sports?라는 표현으로 대체해도 무방하다.

☆ 헬스를 좋아하세요?

두 유 고 인 훠 휘트니스
Do you go in for fitness?

＊'헬스클럽'을 영어로 fitness club 혹은 health club, gym(gymnasium)이라고 한다.
＊구어에서 go in for something(~에 관심이 있다, ~에 마음을 두다)라는 표현을 널리 활용한다.

☆ 어떤 스포츠를 좋아하세요?

왓 카인돕 스포츠 두율라익
What kind of sports do you like?

☆ 어떤 스포츠에 참여하시나요?

위치 스포츠 두 유 테익 파린
Which sports do you take part in?

＊가령, What sports do you do?이나 What sports are you into?라는 표현을 활용해도 무방하다.

☆ 저는 골프를 칩니다.

아이 플레이 골프
I play golf.

☆ 저는 태권도와 유도를 합니다.

아이 두　　태권도　　앤　쥬도
I do Taekwondo, and Judo.

☆ 저는 여름에 수영을 합니다.

아이 고　　스위밍　　인　썸머
I go swimming in summer.

＊ I go skiing in winter. 저는 겨울에 스키를 탑니다.

☆ 저는 수영을 잘합니다.

아이머　　굿　　스윔머
I'm a good swimmer.

＊ 반대 표현은 I'm not a good swimmer.라고 표현한다.

☆ 내일 골프 칠래요?

우쥬　　라익 투　골프　　투마로우
Would you like to golf tomorrow?

WORDS

- interested 관심이 있는
- fitness 신체 단련, 휘트니스
- take part in 참여하다
- Taekwondo 태권도
- Judo 유도
- go swimming 수영하러 가다
- make a reservation 예약하다

 CHECK·POINT 회 화 를 위 한 영 문 법

1. Do you go in for fitness?

여기서 go in for은 "~에 마음을 붙이다, ~에 참가하다"라는 뜻으로 쓰이는데 이러한 표현은 〈Do you like ~?〉라는 패턴문형으로 대체할 수도 있다.

2. I play golf.

play 동사는 '운동을 하다'라는 의미일 경우에는 play tennis처럼 무관사이며, '피아노를 연주하다'라는 표현은 play the piano처럼 명사 앞에 정관사를 붙인다.

3. I'm a good swimmer.

영어의 명사적인 표현으로 good swimmer(수영을 잘하는 사람)가 있다.

상대방에게 어떤 스포츠를 제안하고자할 때 "~를 하실래요?"라는 표현으로 〈Would you like to ~?〉, 〈How would you like to ~?〉, 〈Do you want to ~?〉 등과 같은 패턴문형을 활용한다.

😃 Would you like + 명사 ~?
· Would you like another drink? 한잔 더 하실래요?
· Would you like some dessert? 디저트 좀 드시겠어요?

😃 Would you like to + 동사원형 ~?
· Would you like to stay? 여기에 묵으실래요?
· Would you like to tell me something? 얘기 좀 해주실래요?

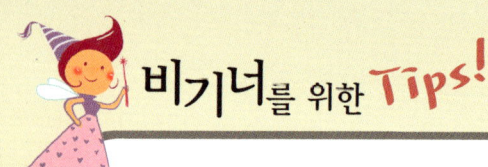

교통 안내 표지

횡단보도(crosswalk), 철도건널목(railroad crossing), 육교(pedestrian overpass, overpass (bridge)) 등 뿐만 아니라 도로마다 여러 가지 교통표지판이 설치되어 있다.
다음과 같은 용어도 알아야 하지만 교통표지판의 정확한 의미도 알아두도록 하자.

단어	뜻
PED XING	횡단보도 있음
STOP	멈춤
CROSS WALK	횡단보도
DO NOT ENTER	진입금지
NO OUTLET	막다른 곳
DO NOT PASS	추월 금지
SPEED LIMIT 55	최고속도 55마일
NO U TURN	U턴 금지
NO PARKING	주차 금지
ONE WAY	일방통행
NO RIGHT TURN	우회전 금지
ROAD WORK AHEAD	도로 공사중
DETOUR	우회로

Chapter 7

전화

최근에는 세계 어딜 가더라도 휴대폰을 통하여

화상통화까지 가능하게 됨으로써

모든 문화의 전 영역까지 변화를 주도를 하고 있다.

Unit 1 전화를 걸 때

전화가 걸면 상대방에서 Hello. May I help you?라는 인사를 건네게 되는데 이럴 때 This is Tom speaking.(저는 탐이라고 합니다.)처럼 먼저 자신의 신분을 밝힌 다음에 전화한 용건이나 용무를 말하면 된다. 서양인들은 타인에게 사소한 부탁을 할 경우라도 서두에 Excuse me.나 Please.라는 표현을 잊지 않는다. 물론 부탁을 들어주면 Thanks.나 Thank you.라고 감사함을 표현한다. 공중전화는 telephone booth라고도 하지만 public phone, pay telephone이라고도 부른다.

CONVERSATION 실전에 활용하는 다이얼로그

A: Who's calling, please?
B: This is Gina Kim.
A: 누구십니까?
B: 저는 지나 김입니다.

A: Would you get that telephone?
B: I'll get it.
A: 전화 좀 받아줄래요?
B: 제가 받을게요.

Usage

국제전화의 종류는 여러 가지가 있다. 최근에는 모바일 폰이 상용화되어 그다지 의미가 없으나 상식적으로 익혀두면 언젠가는 요긴하게 활용할 날이 올 것이다.

- **Station Call** : 상대방의 전화번호를 지정해서 통화하므로 전화요금이 통화시간에 따라 정산된다.
- **Personal Call** : 상대방을 지명하여 통화하므로 부재중일 경우에는 전혀 요금이 부과되지 않는다.
- **Collect Call** : 수신자에게 전액을 부담하는 것으로써 상대방의 동의를 받아야 통화가 가능하다.

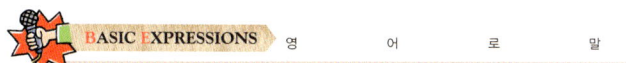

☆ 여보세요.
Hello.
헬로우

☆ 실례합니다.
Excuse me.
익스큐즈 미

☆ 저는 미스터 김입니다.
This is Mr. Kim.
디씨즈 미스터 킴

☆ 제 이름은 지나 김입니다.
My name is Gina Kim.
마이 네이미즈 지나 킴

☆ 저는 지나 김입니다.
This is Gina Kim speaking.
디씨즈 지나 킴 스피킹

☆ 거기 지나 김 있나요?
Is Gina Kim there, please?
이즈 지나 킴 데어 플리즈

※ 전화를 받는 사람이 자신이 찾는 사람이라고 판단될 경우에는 Is this Gina Kim?(지나 김이신가요?) 라는 표현이 적합하다.

⭐ 지나 김 좀 바꿔주시겠어요?

_{메아이 스픽 투 지나 킴 플리즈}

May I speak to Gina Kim, please?

⭐ 누구십니까? / 누구신지요?

_{후즈 콜링 플리즈}

Who's calling, please?

⭐ 누구시죠?

_{후 이즈 디스 플리즈}

Who is this, please?

＊May I have you name, please? 처럼 공손하게 표현해도 좋다.

⭐ (제가) 전할 말이 있는데요?

_{테이커 메씨쥐}

Take a message?

＊Would you take a message?와 같은 표현인데 May I take a message?(저한테 메모 남기실래요? / 전할 말이 있으세요?)는 상대방에게 전할 말이 있는지 여부를 묻는 표현법이다.

⭐ 제가 메시지를 남겨도 될까요?

_{캐나이 리버 메씨쥐}

Can I leave a message?

- message 메시지
- leave 남겨두다, 맡기다
- repeat 반복하다, 되풀이하다
- extension 내선번호; 확장, 확대

CHECK-POINT 회 화 를 위 한 영 문 법

1. Who's calling, please?

"전화하신 분은 어떻게 됩니까?"라는 뜻으로써 "누구십니까?"라는 표현으로 활용된다. 원래는 May I ask who's calling?이라는 표현이다.

2. Who is this, please?

본래의 표현은 Who is this calling, please?으로써 Who's calling, please?와 같다. 가령, 상대방이 보이지 않는 상황에서 사용하는 "누구입니까?, 누구시죠?"라는 표현은 Who is this?나 Who is it?이라고 표현한다.

3. leave a message

'메시지를 남기다'라는 표현으로써 leave a message를 사용하는데 비하여 take a message라는 표현은 '전할 말이나 메시지를 받아 적다'라는 뜻이다.

전화상에서도 상대방에게 다시 말해달라고 부탁하는 표현은 Would you repeat that, please?처럼 다소 정중하게 표현해야 한다.
따라서 이 표현은 I'm sorry I missed that.라는 의미를 담고 있다.

- Repeat that?
- Come again?
- Say that again?
- What was that?

Unit 2 전화가 걸려왔을 때

전화가 걸려오면 가장 먼저 인사말인 Hello.(안녕하세요? / 여보세요!)를 건네게 되며, May I help you?라는 말 다음에 상대방의 신원과 더불어 전화의 목적이나 용건과 관련된 내용을 주고받게 된다. 그런데 상대방이 누구인지 궁금할 때 Who is it?이라는 표현보다 Who's calling, please?라는 표현이 더 정중하다.

가령, 누군가를 바꿔주기 전에 Hang on, please! / Hold on, please.(잠시 기다려주세요.) 라는 말을 건넨 다음에 전화를 바꿔주어야 한다.

A: Who is it?
B: From your Mom.

A: 누구 전화예요?
B: 당신 엄마한테서 왔어요.

A: There's the phone.
B: Get it.

A: 전화 왔어요.
B: 좀 받아주세요.

Usage

전화를 건 사람이 전할 말이 있을 때에는 Can I leave a message?(말씀 좀 전해주시겠어요?) / Would you take a message?(전할 말이 있는데요.)라고 한다.
다음 문장들은 상대방에게 전언이나 메시지를 남길 것이 있는지 확인하는 "전할 말씀이 있으십니까?"라는 뉘앙스를 내포하고 있다.

- Is there any message?
- Would you like to leave a message?
- Do you have any message?
- May I take a message?

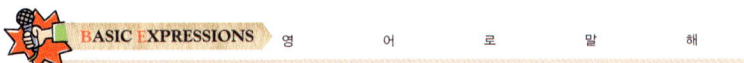
BASIC EXPRESSIONS 영 어 로 말 해 봐 !

☆ 전화 왔어요.

데어즈 더 폰
There's the phone.

☆ 전화 좀 받아줘요.

더 폰 이즈 링잉
The phone is ringing.

☆ 미키 전화예요. / 미키 전화왔어요.

미키 이즈 콜링
Miki is calling.

☆ 누가 좀 받아줘요.

썸원 게릿
Someone get it.

☆ 전화 좀 받아줄래요?

와이 돈츄 앤써릿
Why don't you answer it?

☆ 당신 전화에요.

잇츠 풔 유
It's for you.

☆ 당신한테 온 전화예요. / 당신 찾는 전화입니다.
_{유   해버   콜}
You have a call.

☆ 그는 지금 외출 중입니다.
_{히즈 나린 라잇 나우}
He is not in right now.

☆ 마이크한테 전화왔어요.
_{마이크 이즈 원티드온 더 폰}
Mike is wanted on the phone.

☆ 누구 전화예요? / 누구죠?
_{후   이짓}
Who is it?

＊ 전화 수화기를 건네받으며, 신원을 확인하는 표현이다.

☆ 누구세요? / 누구시죠?
_{후즈   콜링   플리즈}
Who's calling, please?

＊ Who is it?과 같은 표현이다.

WORDS

- phone 전화 ＊telephone의 줄임말
- ring 울다
- call 전화를 걸다
- answer 답하다

 CHECK-POINT 회 화 를 위 한 영 문 법

1. There's the phone.

전화벨이 울릴 때 누군가에게 전화를 받아달라고 부탁하는 표현으로써 "전화 왔어요."라는 의미이다.

2. Someone get it.

get it은 '전화 받다'를 뜻한다. "누가 전화 좀 받아주세요."라는 의미이다.

3. Who is it?

모르는 사람의 목소리일 때 "누구시죠?, 누구신가요?"라는 의미이다. 손윗사람에게 직접적으로 신원을 묻는 것은 주의해야 한다.

전화가 걸려왔을 경우에 받는 사람은 상대방이 누구인지, 상대방의 용건이 무엇인지 궁금하기 마련인데 상황에 따라 적절하게, 그리고 비교적 정중한 표현법을 구사해야 한다.

💬 **누구인지 궁금할 때**: 실례지만 누구세요?
- (May I ask) Who's calling, please?
- Who's speaking, please?
- Who is this, please?

💬 **용무나 용건을 물어볼 때**: 뭘 도와드릴까요?
- May I help you?
- What can I do for you?
- What's on your mind?

Unit 3 통화 중일 때

전화의 종류에는 long distance call(장거리 전화), local call(시내 전화), overseas call(해외 전화) 등이 있는데 요즘은 핸드폰으로 해외로밍(overseas roaming)도 된다. 전화번호부를 Phone Book, Telephone Directory이라고도 하지만 Yellow Pages, White Pages라고도 부른다. 전화가 혼선일 경우에는 The lines are crossed.라고 표현한다.

A: There's no answer.
B: Did you dial the right number?
A: 아무도 안 받는데요.
B: 번호는 맞나요?

A: What's Mike's number?
B: I don't know.
A: 마이크의 전화번호가 몇 번이죠?
B: 몰라요.

Usage

상대방의 물음에 대하여 이해가 되지 않거나 잘 모를 경우의 응답표현은 쉬운 듯하지만 실제 상황에서는 당황하는 경우가 많다. 왜냐하면 "모르겠다."라는 의미이지만 아래와 같이 두 가지의 용법으로 쓰여지기 때문이다.

♣ I don't understand. ＊상대의 속뜻이나 속마음 따위
- I don't get it.
- That's not clear.
- I'm confused.
- I'm not sure.

♣ I don't know. ＊사실이나 정보 따위
- I have no idea.
- How should I know?
- Nobody knows. ＊Who knows?

BASIC EXPRESSIONS 영　어　로　말　해　봐　!

☆ 통화 중이에요.

잇츠　비지
It's busy.

☆ 통화 중이에요.

더　라인　이즈　비지
The line is busy.

☆ 아직 통화 중이에요.

더　라인　이즈　스틸　비지
The line is still busy.

☆ 아무도 안 받는데요.

데어즈　노　앤써
There's no answer.

☆ (전화번호를) 제대로 걸으셨어요? / 제대로 전화하셨는지요?

디쥬　다이얼　더　라잇　넘버
Did you dial the right number?

☆ 제가 잘못 전화했나 봐요? / 제가 틀렸나봐요?

디다이　다이얼　더　라잇　넘버
Did I dial the right number?

☆ 제가 잘못 전화한 것 같아요. / 제가 전화번호를 잘못 눌렀나봐요.

아이 머스트 해브 미스다이얼드
I must have misdialed.

☆ 저를 좀 바꿔 주세요.

기빗 투 미
Give it to me.

☆ 전화가 안 돼요.

더 폰 웬 데드
The phone went dead.

＊ go dead 먹통이 되다

☆ 전화가 불통이에요.

더 라인즈 데드
The line's dead.

＊ The phone's not working.과 유사한 표현이다.

- answer 대답
- dial 다이얼을 돌리다
- right 올바른
- number 번호
- go dead 안 통하게 되다
- phone book 전화번호부

1. The line is busy.

"통화 중이다."는 표현이다.

2. Did you dial the right number?

직역하면 "올바른 번호로 걸었나요?"라는 의미인데 요즘은 터치 폰이라는 점에서 dial이라는 표현보다 put이나 call이라는 표현이 더 적합하다. 이 표현은 Did you put[call] the right number?라고 표현해도 무방하다.

3. I must have misdialed.

〈must have + 과거분사(p.p.)〉의 문형으로써 '~한 게 분명하다'는 의미로 활용되어 "잘못 전화한 게 분명하다."라는 표현으로 쓰인다.

〈must have + 과거분사(p.p.)〉의 패턴문형은 "~임(함)에 틀림없다."라는 뜻으로 사용된다. 가령, He must have been tired.는 '완료시제'를 나타내는 문장으로써 tired는 과거분사(p.p.)가 아니라 형용사이므로 〈be + tired(피곤하다)〉의 형태로 되어야 한다. 따라서 be동사의 과거분사형태인 been이 와야 마땅하다. 따라서 과거분사(p.p.)와 분사형 형용사(-ed)를 구별할 줄 알아야 한다.

- 과거분사(p.p.): 규칙동사의 과거 · 과거분사를 만든다.

    learned, talked, wanted …

- 분사형 형용사(-ed): 동사가 뜻하는 행위에서 생기는 상태나 특질을 나타내는 형용사를 만든다.

    · a limited express 특급 열차   · the revised version 개정판
    · a retired life 은퇴 생활

Unit 4 바꿔달라고 할 때

전화를 걸었으면 통화할 대상(사람)과 더불어 용건이 있을 것이므로 반드시 부탁하는 것을 잊어서는 안 된다. 특히 당사자가 해당 공간이나 근처에 있을 경우에는 상관없겠지만 없다면 당연히 메모를 남긴다든지, 아니면 전화를 달라는 부탁을 제3자에게 해두어야 한다. 가령, 메모를 부탁할 때는 Can I leave a message?, 전화를 요청할 때는 Please tell him[her] to call me.라고 하면 된다.

 **CONVERSATION** 실 전 에 활 용 하 는 다 이 얼 로 그

A: May I speak to Mary?
B: Hold on a minute.

A: 메리 좀 바꿔 주세요.
B: 잠시만 기다리세요.

A: Who's calling, please?
B: I'm his friend Bob.

A: 누구세요?
B: 친구인 밥인데요.

Usage

상대방의 신분이나 정체를 확인할 때 "누구세요?"라는 표현을 직접적으로 묻는 표현법에는 조금씩 차이가 있다. 물론 아래의 표현들은 서로 대체하여 활용되기도 한다.

- ♣ 전화상에서의 표현법: Who is calling, please? / Who is this?
- ♣ 노크했을 때의 표현법: Who is it? / Who's there?
- ♣ 보초가 수하할 때의 표현법: Is anyone there? / Who goes there?

BASIC EXPRESSIONS 영 어 로 말 해 봐 !

☆ 여보세요, 저는 미스터 김이라고 하는데요.

헬로우   디시즈   미스터   킴
Hello, this is Mr. Kim.

☆ 미스터 김이랑 통화할 수 있을까요?

메아이   스피크   투 미스터   킴
May I speak to Mr. Kim?

☆ 미스터 김 좀 바꿔주세요.

아이드   라익 투   스픽   투 미스터   킴
I'd like to speak to Mr. Kim.

☆ 누구세요?

후즈   콜링   플리즈
Who's calling, please?

☆ 친구인 밥인데요.

아임   히즈   프렌드   밥
I'm his friend, Bob.

☆ 좀 기다려주실래요.

홀돈   플리즈
Hold on, please.

☆ 잠시만 기다려주세요.

Hold on a minute.
홀돈 어 미닛

☆ 이렇게 늦게 전화드려 죄송해요.

Sorry for calling you this late.
쏘리 풔 콜링 유 디스 레잇

☆ 너무 늦은 시간에 전화 드려 죄송해요.

I'm sorry to call you so late.
아임 쏘리 투 콜 유 쏘 레잇

☆ 이 시간에 전화드려 죄송합니다.

Sorry to bother you at this time.
쏘리 투 바더 유 앳 디스 타임

- friend 친구
- hold on 기다리다; 멈추다
- minute 분
- late 늦게
- bother 신경 쓰이게 하다, 신경 쓰다
- early 빨리
- hope 원하다
- disturb 방해하다

 회 화 를 위 한 영 문 법

1. I'd like to speak to Mr. Kim.

직역하면 "미스터 김과 이야기 좀 하고 싶습니다."라는 뜻으로써 전화를 바꿔달라는 정중한 표현법으로 쓰인다.

2. Who's calling, please?

직역하면 "누가 전화를 걸고 있습니까?"로 전화를 건 사람은 누구인지 묻는 표현법이다.

3. Hold on, please.

hold on은 '상태를 그대로 유지하다'는 의미로 쓰였으며, 전화 통화를 하다가 "그대로 잠시만 기다리세요."할 때 사용하는 표현법이다.

누군가를 바꿔달라고 요청할 때 특정인을 지칭할 경우, 상황이나 전화를 받는 대상에 따라 표현법이 달라져야 한다. 일상생활에서는 그다지 격식을 갖출 필요가 없지만 비즈니스에서는 정중한 표현을 사용하는 것이 관례이다.

🙂 일상생활에서의 표현법
- Is Mr. Kim there?
- Is this Mr. Kim? ※김 선생이십니까?
- Mr. Kim, please.

🙂 비즈니스에서의 표현법
- May I speak to Mr. Kim?
- Let me talk to Mr. Kim, please.
- I'd like to speak to Mr. Kim.

Unit 5 전화를 받을 때

흔히 전화가 걸려오면 상대방이 누구인지 아는 것도 중요하지만 전화한 목적이나 통화하고 싶은 대상의 존재 유무가 관건이 될 수밖에 없다. 따라서 Can I speak to Susan?(수잔과 통화할 수 있나요?)라는 질문은 '가능성'이나 '허락'을 구하는 뉘앙스를 내포한 표현법이다. 사실 상대방에게 Speaking. May I help you?(전데요. 뭘 도와드릴까요?)라는 표현은 용무를 묻는 표현으로 인식하면 좋다. 찾는 사람이 없으면 간단한 상황만 체크하면 된다.

CONVERSATION 실전에 활용하는 다이얼로그

A: Can I speak to Mary?
B: Hello, speaking.

A: 메리 씨 좀 바꿔주세요.
B: 네, 전데요.

A: Hi, is this Miki?
B: It's me, but I'm busy now.

A: 안녕, 미키니?
B: 전데요. 지금 바빠요.

Usage
〈Can I speak to + 사람이름?〉이라는 패턴문형은 "~와 통화할 수 있습니까? / ~ 좀 바꿔주세요?"라는 표현인데 그밖에도 유사한 표현이 많다.

- Is Mr. Kim in?
- Is Mr. Kim there, please?
- May I speak to Mr. Kim, please?
- I'd like to speak to Mr. Kim, please.
- Let me talk to Mr. Kim, please.

☆ 여보세요, 접니다만.

Hello, speaking.

※ 사실 speaking이라는 표현은 '말씀하세요.'라는 의미를 함축하고 있다.

☆ 전데요. / 말씀하세요.

Speaking.

☆ 접니다.

This is he.

= This is he speaking.

☆ 접니다.

It's me.

※ It's he. / It's she.

☆ 저는 지금 바빠요.

I'm busy now.

☆ 그는 안 계세요.

He's not in.

☆ 그는 없습니다.

_{히즈 아웃 나우}
He's out now.

☆ 지금 손님이 계세요.

_{아이 해브 썸 비지터스 나우}
I have some visitors now.

☆ 그는 퇴근하셨어요.

_{히즈 레프트 훠 더 데이}
He's left for the day.

- hello 여보세요, 안녕
- busy 바쁜
- visitor 손님
- now 지금
- leave 떠나다

| CHECK-POINT | 회 화 를 위 한 영 문 법 |

1. Speaking.

전화를 받을 때 "전데요."라는 표현으로써 "말씀하십시오."라는 뉘앙스도 내포하고 있다.

2. It's he.

전화로 "접니다."라는 표현으로써 여성일 경우는 It's she.라고 표현한다.

3. He's not in.

그는 지금 현재의 공간에 존재하지 않다는 뜻이며 right now를 생략하여 표현하기도 한다.

상대가 찾는 사람이 바로 당사자일 경우에 할 수 있는 응답으로써 "접니다. / 바로 저입니다."라는 표현은 원래 It's I.처럼 주격보어가 와야 하지만 구어에서는 목적격보어인 me를 활용한다.

💬 전화상에서의 표현법

 Q : Can I speak to Susan?
 A : Speaking. (= This is her speaking.)

💬 일상적인 표현법

 Q : Who says I can't do it?
 A : It's me. (= It's I.)

Unit 6 외출 중일 때

상대방이 특정인을 바꿔달라고 할 경우에 부재중이라면 He's not in. Please call again later.처럼 부재중이라서 바꿔줄 수 없을 때의 표현법으로 간단한 정보를 제공하는 차원에서 응답하면 된다. 부재중일 경우에는 자동응답기(Automatic answering machines)를 이용하여 전언을 남겨두면 되는데 가령, I am sorry. I can't answer this phone right now. I'll call you back later. Thank you.라고 녹음해 두면 편리하다.

A: When is he coming back?
B: I'm sorry I'm not sure.

A: 그는 언제쯤 돌아오나요?
B: 죄송하지만 잘 모르겠어요.

A: He will be back soon.
B: Thanks, I'll call again.

A: 그는 곧 돌아올 거예요.
B: 고마워요. 다시 전화할게요.

Usage

부득이하게 자신이 전화를 받을 수 없는 상황일 경우에는 상대방에게 양해를 구한 다음, '다시 전화를 달라'고 요청하는 표현법을 익혀두면 편리하다. 가령, 서두에 I'm sorry. 혹은 Excuse me. I am busy now.라는 말을 꺼낸 후에 Please call again. / Please call me back.과 같은 표현을 하면 된다.

♣ 나중에 전화주세요.
- Gimme a call later.
- Call me later on.
- Call me when you are free.
- Give me a ring.
- Call me anytime.

BASIC EXPRESSIONS 영어로 말해봐!

☆ 그녀는 외출 중입니다.
　　쉬즈　나린
　She's not in.

☆ 그녀는 지금 외출 중입니다.
　　쉬즈　아웃　나우
　She's out now.

☆ 어쩌죠, 그는 마침 외출 중이에요.
　　아임　어후레이드　히즈　아웃　나우
　I'm afraid he's out now.

☆ 그는 아직 자고 있어요.
　　히이즈　스틸　슬리핑
　He is still sleeping.
　　＊He is taking a bath. 그는 목욕하고 있어요.

☆ 그는 아파서 누워 있어요.
　　히이즈　씨킨　베드
　He is sick in bed.

☆ 그는 언제쯤 돌아오나요?
　　웬　이즈 히　커밍　백
　When is he coming back?

☆ 한 8시 쯤요.

어라운드　에잇　어클락
Around eight o'clock.

＊In one hour or so. 한 1시간 정도요.

☆ 잘 모르겠어요.

아임　낫　슈어
I'm not sure.

☆ 전할 말이라도 있으세요?

두유　원투　리버　메씨쥐
Do you want to leave a message?

＊You can leave a message with me.와 같은 표현이다.

☆ 그녀는 출장 중입니다.

쉬즈　아우롭　타운
She's out of town.

＊She is on a business trip.이라고 표현하기도 한다.

- come back 돌아오다
- eight o'clock 8시
- leave a message 전언을 남기다
- out of town 도시를 벗어나다

CHECK-POINT 회 화 를 위 한 영 문 법

1. I'm afraid ~

'마침 ~ 하는 중'이라는 뉘앙스에 가까운 표현으로 안타까움이나 아쉬움을 나타내는 표현법이다.

2. sick in bed

"병으로 바닥에 누워 있다."는 의미로 '앓아눕다'라는 뜻을 간접적으로 표현한 어투이다.

3. ~ or so

'대충 ~정도'라는 의미로써 개략적이므로 확신할 수 없음을 나타내는 표현법이다.

다소 확신할 수 없거나 불명확한 경우에 사용하는 "아마도요. / 그럴지도 모르죠. / 잘 모르겠어요."라는 뜻의 응답 요령인 Maybe. / Perhaps. 등은 부사만으로도 사용되지만 뜻에 다소 차이가 있다. 그러나 가능성이 대략 70% 이상일 경우라면 Possibly. / Probably. 등을 활용하는 편이 좋다.
그밖에도 약간은 차이가 있지만 유사하게 활용되는 표현을 알아보자.

- I'm afraid so.
- It could be.
- It might be true.
- I'm not sure.

※단정할 수 없을 정도일 경우에는 Maybe yes, maybe no. / Yes and no. / Fifty-fifty. / Half and half. 따위도 활용된다.

Unit 7 메일로 답할 때

흔히 (휴대폰의) 문자 메시지 전송 서비스(short message service)를 SMS라 통칭하곤 하는데 거의 축약된 표현을 사용하기 때문에 기성세대에게는 다소 낯선 표현들이 많으므로 SMS와 관련된 표현들은 알아둘 필요가 있다.
여기서는 핸드폰으로 메일(e-mail)을 보내거나 문자메시지(text message)를 보낼 때의 관련 표현을 익혀 보자.

 CONVERSATION 실 전 에 활 용 하 는 다 이 얼 로 그

A: Let's exchange e-mail addresses.
B: Yes, let's.
A: 메일 주소 교환합시다.
B: 예, 좋아요.

A: May I have your e-mail address?
B: Here's my e-mail address.
A: 메일 주소 좀 가르쳐 줄래요?
B: 제 메일 주소예요.

Usage

상대방에게 어떤 '제안이나 권유', '동의나 청유'를 구할 때 활용하는 표현법으로써 let us의 축약형인 let's를 사용하는데 구어에서는 주로 〈Let's ~(~합시다)〉라는 패턴문형을 활용한다. 또한 〈Let's ~, shall we?(~합시다, ~할까요?)〉처럼 부가의문문에서는 상대에게 '동의'를 구하는 듯한 뉘앙스를 풍긴다.
문어에서는 '허가'를 나타내는 용법으로 사용될 경우에는 〈Let us ~〉라고 표현한다.

- Let's go Dutch. 각자 부담합시다. ※Let's split the bill.
- Let's take a ten-minute break. 10분간 휴식합시다.
- Let's go for a walk, shall we? 산책이나 합시다, 그럴까요?
- Let us go. 통과시켜 주세요. / 가도록 허락해주세요.

BASIC EXPRESSIONS 영어로 말해 봐!

☆ 미키에게 메일을 보내야 해요.

아이 해브 투[햅터] 이메일 미키
I have to e-mail Miki.

☆ 메일로 답장해야 해요.

아이 햅터 리턴 디 이-메일
I have to return the e-mail.

☆ 메일을 전달해야 해요.

아이 햅터 포워더 이-메일
I have to forward the e-mail.

☆ 이 메일을 저장해 둘게요.

아 윌 쎄이브 디스 이-메일
I will save this e-mail.

☆ 메일이 왔어요.

데어즈 디 이-메일
There's the e-mail.

☆ 메일을 확인할게요.

아일 체크 마이 이-메일
I'll check my e-mail.

☆ 내일 메일 보내주세요.

이-메일 미 터마로우
E-mail me tomorrow.

☆ 다시 메일 보낼게요.

아일 이-메일 유 레이러
I'll e-mail you later.

☆ 밥에게 메일 보내는 걸 잊었어요.

아이 훠갓 투 이-메일 밥
I forgot to e-mail Bob.

- **e-mail** 메일을 보내다
- **return** 답장하다
- **forward** 전달하다
- **save** 저장하다
- **check** 확인하다
- **exchange** 교환하다
- **e-mail address** 이메일 주소

CHECK-POINT 회화를 위한 영문법

1. There's the e-mail.

"메일이 도착했다."라는 표현이다.

2. later

'가까운 시기에 다시 곧'이라는 뉘앙스가 내포되어 있다.

3. May I have your ~?

"당신의 ~을 물어봐도 될까요? / 당신의 ~을 알 수 있을까요?"라는 패턴문형으로 활용된다.

상대방에게 '허가'나 '승낙'을 구하는 표현법으로써 " ~해도 될까요? / ~해도 좋습니까?"라는 어투로 활용되는데 〈May I have ~?〉이라는 패턴문형은 〈May I ask ~?〉, 〈May I take ~?〉, 〈May I get ~?〉과 같은 문형으로 대체할 수도 있을 만큼 폭넓게 활용되는 표현법이다.

- May I have your order, sir? 주문을 하시겠어요?
- May I have your name, please? 이름 좀 알려주시겠어요?
- May I have your phone number? 전화번호 좀 가르쳐줄래요?
- May I have your license, please? 면허증 좀 보여주시겠어요?

특별부록

꼭 알아두어야 할 우선순위 여행영어

우리가 이미 알고 있는 쉬운 표현들이지만 처해진 상황에 따라 전혀 뜻이 달라지기도 하므로 사용할 때 항상 유의해야만 한다. 대부분 관용적인 표현이기 때문에 발음이나 뉘앙스의 차이에 유의하여 익히도록 하자.
여기서 제시한 표현들은 여행자가 우선적으로 익혀두어야 하는 필수표현만을 엄선하였으니 반드시 익혀두도록 하자. 관용적으로 사용하는 문장이라도 뉘앙스의 차이를 구분할 줄 아는 것이야말로 곧 실력의 차이를 나타내는 척도라고 여겨진다.

1 Please!

부탁합니다. / 도와주세요. / 실례합니다. / 좋습니다. / 용서해주세요.

일반적으로 양해를 구하거나 부탁을 요청하고자 할 때 please를 사용하게 되는데 문미나 문두에 쓰여 다소 정중한 어감을 나타낸다. 그러나 Please!만으로도 여러 가지 뜻으로 활용되므로 만능표현이 아닐 수 없다.
일상생활에서 Coffee, please.(커피 주세요.) / Check, please.(계산서, 부탁합니다.) / Your passport, please?(여권 좀 보여주시겠어요?) / Wake-up call, please.(모닝콜 좀 부탁합니다.) / I'd like to rent a car, please.(차를 빌리고 싶은데요.) 따위와 같은 문형을 즐겨 사용한다.
전화상에서 How's calling, please?(누구십니까?) / Hold on, please.(잠깐 기다리세요.) / Hang on, please.(끊지 마세요.) 등의 표현이 사용되며, 허락이나 승낙을 할 때 Yes, please.(예. 그러세요.)라고 표현한다.

- ▶ **May I ask you a favor?** (부탁)
- ▶ **Would you give me a hand?** (도움 요청)
- ▶ **I'm counting on you.** (기대 & 신뢰)
- ∗ **You can count on me.** (나한테 맡겨주세요.) / **Give me a break!** (용서해 주세요.) / **Give me a chance.** (한번만 기회를 더 주세요.)

2 Excuse me.

미안합니다. / 실례합니다. / 용서해주세요. / 잠깐만요.

전혀 모르는 사이에 부탁을 하거나 도움을 요청하고자 할 때 Excuse me.(여보세요.) / Pardon me.(실례합니다.) / Hi, there!(저기요.) / Look here.(저 좀 볼 수 있을까요?) / Just a moment.(잠깐만요.) 따위와 같은 표현도 유사한 뜻으로 널리 활용된다.
흔히 Excuse me?라고 하면 되묻는 표현인 Pardon me?(뭐라고요?), What did you say?(뭐라고 말씀하셨죠?), Could you repeat that?(다시 말해줄래요?)와 같은 표현으로 되므로 유의하길 바란다.

- ▶ **Pardon me. (= I beg your pardon.)**
- ▶ **Hello.**
- ▶ **Excuse, please.**

3 Hello.

안녕하세요.(반갑습니다.) / 여보세요.(저기요.) / 실례합니다.

서로 모르는 사람끼리도 맨 처음에 인사를 나눌 때 흔히 Nice to meet you.라는 표현을 사용하기도 하지만 가장 격이 없고 흔한 만남의 인사표현은 Hi!이다. 이는 Hello!의 줄임말로 작별의 인사인 Goodbye.(안녕! / 잘 가)의 정반대 표현이다. Hello!(안녕!)는 인사말로도 활용되지만 "저기요. / 잠깐만요. / 실례합니다."라는 표현처럼 양해를 구할 때에도 사용된다.
그밖에도 서로 알고 지내는 사이에서는 How are you? / How are you doing? / What's up?같은 표현을 활용한다.

- **Good morning.** (아침)
- **Good afternoon.** (점심)
- **Good evening.** (저녁)

4 I'm sorry.

미안합니다. / 실례합니다. / 죄송합니다.

서양인들은 아주 사소한 잘못이나 약간의 실수로 상대방에게 폐를 끼쳤을 경우에는 무조건 사과의 인사를 건네는 것이 예의이므로 I'm sorry.(미안합니다.)나 Excuse me.(실례합니다.)라는 사과의 인사말을 먼저 표현하도록 하자.
누군가로부터 아무리 작은 도움을 받더라도 감사의 인사말인 Thanks. / Thank you. / Thank you very much. / I appreciate it. 따위와 같은 표현을 스스럼없이 건넬 수 있을 만큼 몸에 습관화되어 있어야 한다.

- **I'm sorry I'm late.**
- **I'm sorry about that.**
- **It's my fault.**

5 You're welcome.

천만에요. / 별 말씀을요.

You're welcome.은 Thank you. / Thanks a lot. / I appreciate it.에 대한 일반적인 겸양의 인사 표현인데 서양인들은 감사의 인사를 지나칠 정도로 자주 표현한다.
상황에 따라서 Don't mention it. / (It was) My pleasure. / Not at all. / It was nothing. / Forget it. / Think nothing of it. 따위로 대체해도 무방하다.

- **It's nothing.** (별 거 아닙니다.)
- **Never mind.** (신경 쓰지 마세요.)
- **No problem.** (괜찮아요.)

6 Excuse me?

뭐라고요? / 다시 말해줄래요?

상대방의 말을 잘 알아듣지 못했을 경우에는 Sorry, I don't quite get you. / I can't follow you. / I couldn't make that out. 따위와 같이 표현할 수도 있으며, 또한 상대방의 말에 대한 반문의 어조나 확인하는 어투에는 I beg your pardon? / Could you say that again? / What are you talking about? / Can you say it one more time, please? / Can you ask me again? 등과 같은 표현이 활용되는데 이러한 표현을 대용할 수 있는 표현법이다.

- **Pardon me?**
- **Scuse me?**
- **What for?**

7 I don't know.

모르겠어요. / 이해가 안 되네요.

일반적으로 금방 대답을 할 수 없어서 말이 나오지 않을 때, 매우 놀랐을 때, 화제를 바꾸거나 대화를 끌어 주고자 할 때 따위에서는 Umm, Hmm이나 Well… / Let me see… / I mean… 따위로 표현을 하게 된다.
또한 관용적으로 모를 경우에는 Beats me. / Search me. / You've got me. 따위로 표현하며, 다소 구체적으로 표현할 경우에는 I'm not sure what you mean. / I don't know what to do. / How should I know? / What should I do? / Who knows? 등으로도 표현한다.

- I have no idea.
- I don't understand.
- I'm confused.

8 How are you doing?

별일 없으세요? / 어떻게 지내십니까?

초면에는 Nice to meet you. / How do you do? 등을 사용하는데 반해, 서로 알고 지내는 사이에 오랜만에 만날 경우에는 How are you?가 널리 활용된다.
일상생활에서는 상황에 따라 다양하게 표출되므로 아래와 같은 표현법을 익혀 두어 How's business? / How's your family? 따위와 같은 표현을 활용토록 하자. 상대방의 건강보다 일이나 업무에 중점을 둔다면 How's it going? / How goes it?라는 표현을 사용하면 된다.

- How are you getting along?
- What's up?
- How's everything?

9 Take care.

안녕. / 잘 가.

일반적으로 Take care of yourself.라고 하면 작별할 때의 인사 표현으로써 "안녕, 잘 가!"라는 의미가 내포된 구문이며, 재귀대명사인 yourself를 이용하여 Make yourself.(성공해라.) / Suit yourself.(맘대로 해라.) / Watch yourself.(조심해라.) / Enjoy yourself.(즐겁게 지내.) 등과 같이 표현하기도 한다.
우리가 알고 있는 See you again. / See you later. / See you tomorrow. / See you then. / See you around. 따위도 함께 활용되는 표현임을 명심하도록 하자.

- Good-bye! / Bye-bye!
- So long!
- Take it easy.

10 That's all right.

맞아요. / 그렇습니다. / 물론이죠.

일반적으로는 상대방의 의사 표현에 대한 동의의 표현으로써 "옳습니다. / 그렇습니다."라는 뜻으로도 활용되지만 상대방의 의견이나 견해에 대하여 맞장구를 칠 때 사용하는 That's all right.의 줄인 말이다. 관용적으로 You said it. / It's a deal. / That's the ticket. / You're telling me. / You can say that again.도 함께 활용된다.
물론 Of course. / Sure. / Certainly. / No sweat. 따위의 표현처럼 "물론입니다. / 당연합니다."라는 뜻으로도 활용되며, 또한 Really? / Is that so? / Is that right? / Are you sure? 따위와 같이 반문의 어조가 내포된 표현은 강조하고자할 때 활용된다.

- O.K! / Okay!
- Sounds good.
- That's it.

11 I guess so.

그렇다고 생각합니다. / 아마 그럴 겁니다.

I guess so.(긍정) / I guess not.(부정)와 마찬가지로 일반적으로 막연한 추측이나 기대보다는 다소 주관적일지라도 가능성이 높거나 확신이 있는 동조의 표현으로 인식하는 편이 여러분의 이해를 위해 도움이 될 듯싶다.
가령 지각 동사인 appear, seem, look 따위는 "~인 듯하다"라는 뉘앙스가 담겨 있는 유사한 용법으로 활용되므로 유의하여 익혀 두도록 하자.

- I believe so. * I believe not.
- I suppose so. * I suppose not.
- I'm afraid so. * I'm afraid not.

12 Sure. / Sure thing.

물론이죠. / 당연하죠. / 그럼요.

흔히 허가나 승낙을 할 때, 동의나 동감을 나타낼 때, 찬성을 표할 때, 맞장구를 칠 때 따위에 광범위하게 활용되는 표현으로써 사용된다. 관용 표현으로 Of course. / You bet!하면 자신감이나 확신을 피력하는 표현이 되는 것이다.
또한 부사적인 표현만으로도 강한 동의나 동감을 표현하는데, 가령 Exactly!외에도 Absolutely! / Definitely! / Certainly! 따위도 활용되곤 한다.

- That's all right.
- That's O.K!
- Of course.

13 I'll be right there.

곧 갈게요.

구어에서는 부사구를 활용하여 I'll be right ~.라는 문형을 즐겨 사용하는 경향이 있는데 주로 상대방이 무언가를 요구하거나 요청하였을 때 즉시 응하겠다는 의지의 표현으로써 right는 "곧, 바로, 즉시"라는 의미로 쓰여진다.
누군가 부를 때 I'm coming.이라고 하면 "바로 갈게요."라는 의미로 사용된다. 가령, Mom, I'm home.(엄마, 다녀왔어요.)라는 귀가의 인사표현이다.

- ▶ I'll be there.
- ▶ I'm on my way.
- ▶ I'll be right back with me.

14 Thanks a lot.

(대단히) 감사합니다. / 고맙습니다.

상대방의 선물이나 도움 따위에 감사할 경우에는 Thank you very much.라는 표현을 수없이 되풀이하곤 하는데 구어에서는 Thanks.만으로도 충분하다.
또한 상대방의 감사의 표현을 받고는 으레껏 You're welcome. / Not at all. / Don't mention it. / My pleasure. 따위의 겸양의 답변을 잊지 말아야 한다.
감사의 표현에 사용되는 문형으로 Thank you for ~.와 I appreciate ~. 따위가 사용되지만 그 밖에 You're so kind.(친절하시군요.), I'm very grateful.(고맙습니다.), I owe you one.(신세를 졌군요.) 따위의 표현도 사용할 수도 있을 것이다.

- ▶ Thank you very much.
- ▶ Thank you so much.
- ▶ It was my pleasure.

15 Just a minute.

잠깐만요. / 잠시만 기다려 주세요.

우리는 상대방에게 양해를 구하고자 할 때 Excuse me.라는 표현만을 무작정 사용하지만 "기다리다"의 의미를 지닌 wait, hold, hang 등의 동사와 시간을 나타내는 minute, second, moment 따위를 결합시켜 나타낸다.
전화를 받다가 잠시 기다려 달라고 할 때 Hang on, please. / Hold on, please. / One moment, please. / Hold the line, please. 따위와 같은 표현을 사용한다.

- ▶ **Wait a minute. / Wait a second.**
- ▶ **Just a moment.**
- ▶ **Hold your horses.** ＊ 관용 표현

16 What's wrong?

뭐가 잘못됐나요? / 무슨 일이에요.

일상적으로 안부를 묻는 인사 표현으로도 활용되지만 상대방에게 약간 좋지 못한 일이 발생한 것 같은 예감이나 느낌이 들 경우에 주로 활용하게 된다.
원래는 What's wrong with you?라고 표현하며, 가령 상대방의 몸 상태가 안 좋아 보일 경우에는 Are you okay? / Is anything wrong? / Is everything all right? 따위도 함께 활용할 수 있다.

- ▶ **What's the matter?**
- ▶ **What happened? / What's happening?**
- ▶ **What's up?**
- ▶ **What's the problem?**

17 Anytime.

언제라도 상관없어요. / 언제라도 또 오세요.

우리말에 사용되는 "천만에요. / 별말씀을요."라는 표현에 적합한 표현인데 앞에서 제시한 사양의 표현인 You're welcome.과는 다소 뉘앙스가 다른 표현이다.

일상생활에서 Anywhere! / Anywhen! / Anytime! 등이 단독으로 사용되는 표현은 "언제·어디서든지 당신만 원한다면 …난 좋다."라는 뜻이 내포되어 있다고 판단하면 오히려 이해가 쉬울 것이다.

- **Anybody.** (누구라도.) * **Anyone.**
- **Anyhow.** (어떻든. / 여하튼.) * **Anyway.** (어쨌건.)
- **Anything.** (무엇이건. / 어떤 것이라도.)
- **Anywhere.** (어디라도. / 어디서나.)

18 Could I take a message?

메모를 남겨 드릴까요? / 용건을 말씀해 주시겠어요?

상대방이 방문을 했을 경우에 부탁할 말이라도 있을 것 같을 때, 주로 전화상에서 부재중일 경우에 전할 말이 있을 때 수신인(受信人; receiver)이 사용하는 표현으로써 주로 〈take a message〉의 관용구를 활용한다.

그러나 Can I leave a massage?라고 하면 발신인(發信人; caller) 용무나 용건을 밝히고자 할 때 "전할 말이 있는데요, 말씀 좀 전해 주실래요?"라는 표현이므로 유의해서 사용하도록 하자. 편지, 전언 따위의 메모를 당사자에게 전해주고자 할 때는 Here's a message to you.(당신에게 온 전갈입니다.)이라는 표현을 쓴다.

- **May I take a message?**
- **Is there any message?**
- **Do you have any message?**
- **Would you like to leave a message?**

19 Guess what?

저, 있잖아? / 저기 말이야? / 도대체 뭔데?

모르는 상대방에게 말을 걸 때 주의를 환기시키는 표현으로써 Excuse me? / Pardon me? / Do you have time? 따위의 표현을 이렇게 달리 표현해도 무방하다.
또한 다소 머뭇거리거나 주저하는 표현에도 사용되지만 상대방의 견해를 여쭈어 볼 경우에도 What do you think? / How about you? / What's going on? 등의 대용으로 활용된다.

- ▶ **You know what?** (아시다시피~)
- ▶ **You see…** (저기 말이지~)
- ▶ **The reason is…** (그러니까~)
- * **What do you say? / What's your answer? / What's your opinion?**

20 Don't worry about it.

걱정 마세요. / 염려 마세요.

상대방이 어떤 문제나 사건으로 괴로워 할 경우에 안심을 시키거나 진정을 시킬 때 활용되는 문형으로써 Never mind.(신경 쓰지 마세요.) / Forget it.(괜찮아요.) 따위와 동일한 표현이다.
가령 What's eating you?(무슨 고민 있어요?), Why do you look so blue?(왜, 무슨 일 있어요?), You look depressed.(우울해 보여요.) 등과 같은 질문에 대해서는 Cheer up! / Don't be too discouraged! 따위로 응답하면 좋을 것이다.

- ▶ **Don't sweat it.**
- ▶ **Not to worry.**
- ▶ **Never mind!** * **Don't be nervous!**

21 Good luck!

행운을 빕니다. / 안녕히 가세요.

주로 Good luck!이라 하면 작별의 인사 표현으로써 Have a good one.이나 Bye-bye.와 유사한 표현이며, 상대방에게 여행의 무사함을 기원하거나 어떤 일의 성공적인 수행을 기원하는 표현법이다.
상대방이 가까운 장래에 어떤 도전이나 시험을 치룰 때 격려의 차원에서 건넬 수 있는 표현인 Go for it! / Hang in there! / Way to go! 따위를 활용해도 될 것이다.

- ▶ I wish you good luck.
- ▶ Be careful.
- ▶ Have a nice trip!

22 How come?

어째서 그렇죠? / 어쩐 일이에요?

상대방에게 마땅한 이유나 근거를 요청할 경우에 구어체에서 널리 활용되는 어법으로써 원래 〈How come + 주어 + 동사~〉문형의 생략형이며, 또한 〈Why + 주어 + 동사 ~〉의 문형과 유사하게 사용된다.
물론 그 응답은 〈The reason why … because ~〉, 〈Because I was ~〉, 〈Because of ~〉 등과 같은 문형으로 대답하면 된다.

- ▶ Why? / Why not? * What makes you think so?
- ▶ What for?
- ▶ What brings you here? * 용무
- ▶ That's why…

23 Be careful!

조심하세요! / 주의하세요! / 건강하세요!

일반적으로 행동이나 언행에 관한 주의를 의미하는 말이지만 작별시에는 "잘 가!, 몸 조심해!" 따위와 같은 뜻으로 활용되므로 상황에 따라 적절하게 사용하도록 하자.
자칫 명령형으로 오해할 수도 있으므로 Please be careful. / You should be careful. / You'd better be careful. 따위처럼 다소 정중하게 표현해야 할 것이다.

▶ **Take care (of yourself)!**
▶ **Watch out!** * **Look out!**
▶ **Heads up!**

24 Come (on) in.

어서 오세요. / 들어오세요.

일상생활에서 가정이나 사무실로 손님이 방문하였을 때 "어서 오십시오."라는 인사말로 활용할 수 있는 표현으로써 흔히 Please come on in.이라고 표현하면 된다. 일반적으로 점원이 손님을 맞이할 경우에는 What can I do for you?(무엇을 도와 드릴까요?)라는 표현을 쓴다.
관용적으로 Come in!하면 될 테지만 Come on in!이라고 하면 환영의 어감이 강한 표현으로써 상대방을 독려·격려하거나 재촉할 때 Come on!이라는 관용 표현을 활용하기 때문이다.

▶ **Welcome home!** * **Welcome to our house!**
▶ **Welcome back!**
▶ **Please come in!**
▶ **Welcome abroad!** * 입사

25 Help yourself.

맘껏 드세요. / 아무쪼록 사양하지 마십시오.

상대방에게 어떤 물건이나 음식을 권유하거나 또는 원하는 만큼 충분히 허용하는 표현에 〈타동사 + 재귀대명사〉의 문형을 활용한다.
이 때 Thank you.라는 감사의 인사 표현을 잊지 않도록 하자.

- ▶ Please.
- ▶ Go ahead.
- ▶ After you.
- ▶ Be my guest.

26 Here you are.

여기요. / 여기 있습니다.

흔히 상대방이 어떤 행위를 요청이나 부탁할 때 수락하는 표현인데 가령, Could you pass me the sugar, please? / May I see your passport?라는 질문에 대하여 상대에게 물건 건네주며, Here you are. / Here we are. / Here you go.라고 말하면 된다.
물론 이런 표현을 대체할 수 있는 표현으로 I'll be glad to. / I'd be happy to. / With pleasure. / I'd love to. 따위와 같이 흔쾌히 응하겠다는 뜻을 피력하면 될 것이다.

- ▶ Here it is.
- ▶ Here you go.
- ▶ There you go.

27 I doubt it.

그렇게 생각하지 않아요. / 그럴까요. / 믿을 수 없어요.

일반적으로 완곡하게 반대 의견을 피력할 때, 남의 이야기를 믿지 않을 때, 다소 불확실한 사실에 대하여 응답할 때 등의 상황에 사용되는 표현이다.
구어적으로 It's chancy.나 It's iffy.라는 관용 표현이 활용된다.

- ▶ I doubt that.
- ▶ I don't think so.
- ▶ It's doubtful!
- ▶ I wouldn't bet on it.

28 Never mind!

괜찮습니다. / 신경 쓰지 마세요.

상대방에게 위로의 말을 건네올 경우에 이에 대한 응답 표현으로써 "괜찮아요, 신경 쓰지 마세요."라고 상대방을 안심시키는 표현이다. 특히 상대방의 지나친 관심과 염려에 대해 None of your business.라는 표현도 널리 활용된다.
유사한 표현에 No big deal. / It's nothing. / No problem. 따위를 사용해도 무방하다.

- ▶ Don't worry about it. ＊ It doesn't concern you.
- ▶ Forget it.
- ▶ It's okay.
- ▶ That's all right.

29 By the way,

~하는 김에 / 그런데 / 그건 그렇고

대화의 도중에 재미나 흥미가 없을 경우에나 상대방이 별로 관심이 없는 얘기를 지루하게 계속할 때 화제를 전환시키는 formal한 표현으로써 직접적으로 Let's change the subject.(화제를 바꿉시다.) / Let's talk about something.(다른 얘기 좀 합시다.) / Let's talk about it later.(그 얘기는 나중에 합시다.)라고 표현할 수도 있지만 보다 영어다운 표현에 활용하면 더욱 유용하게 될 것이다.

- ▶ Well, …
- ▶ Now, …
- ▶ Let's talk about it later.
- ▶ Let's drop the subject.

30 Have a good time!

즐겁게 지내세요.

작별의 인사 표현으로 See you later. / Good-bye! / Take care. 따위와 같이 활용되지만 일상생활에서 나누는 작별의 인사로도 활용되며, 또한 특정한 행사나 여행 따위로 떠나는 사람에게 건넬 수 있는 표현이다.
가령, Have a good one.이라고 하면 "자, 힘내세요."라는 표현이 되며, 또 Good luck!이나 Nice meeting you!라는 인사를 부가하면 상대방에게 좋은 인상을 심어주게 될 것이다.

- ▶ Have fun!
- ▶ Enjoy yourself!
- ▶ Have a nice day! * Have a nice weekend!
- ▶ Have a nice trip!

31 Hopefully!

잘 되면…. / 운이 좋으면….

다소 애매한 바람이나 희망을 표현할 때 활용하는 문형으로써 I think so.보다는 약간 뉘앙스가 약한 어투이다.
가령 유사한 표현으로 Possibly! / Perhaps! / Maybe! 따위처럼 가능성을 피력하는 "아마도 그럴 것 같아요."라는 의미로 활용되는 것이다.

- ▶ I hope so.
- ▶ I think so.
- ▶ There's no guarantee. (보증은 없지만.)
- ▶ I can't say. (뭐라 말할 수 없어.)

32 Hurry up!

서둘러라! / 서두르세요!

상대방이 꾸물거릴 때 표현할 수 있는 문형으로써 직접적으로 Why are you taking it easy? / What's taking you so long?(뭘 꾸물거리세요?)라고 표현할 수도 있지만 Rush it, please.라는 표현을 사용해도 무방하다.
관용적으로 재촉을 종용할 때 Step on the gas.와 Make it snappy.가 주로 활용되며, 반대로 여유를 가지라고 할 경우에는 Take it easy. / There is no hurry. / Don't rush me. / Don't be so pushy. 등과 같은 표현이 널리 활용된다.

- ▶ Move on!
- ▶ Do it quickly!
- ▶ Make it snappy!
- ▶ Step on it.

33 I'll get it.

내가 받을게요. / 제가 할게요.

가정에서 자신이 어떤 일을 하고 있으므로 인해 전화를 받을 수 없을 경우에 Could you answer the phone?이나 Would you get that phone?처럼 다른 사람에게 대신 전화를 받아줄 것을 요청할 때 사용한다.
혹은 밖에서 택배나 우편물을 수령할 것을 종용할 때 대신 받아 주겠다고 할 때와 같이 활용될 수도 있다.

▶ Yes, I'll.
▶ It'll my treat.
▶ It'll on me. * It's on me. (내가 살게.)

34 I'm coming!

곧 갈게요. / 다녀왔어요.

일상생활에서 출근하거나 귀가할 때의 인사 표현이 구분되어 있는데 출근할 경우에는 I'm leaving. / I'm off now.(다녀오겠습니다.)라고 하며, 귀가했을 경우에는 I'm home. / I'm coming. / I'm back.(다녀왔어요.) 따위와 같이 표현하면 된다.
또한 It's time to ~(~할 시간입니다.)라는 표현으로 재촉을 할 때의 응답으로 I'm coming.(갑니다. / 가요.)이라고 하면 된다.

▶ I'll be right there.
▶ I'm on my way.
▶ I'm home.
▶ I'm back.

35 What's the problem?

무슨 일이야? / 뭔 일 있어요?

원래는 What seems to be the problem?이라는 표현으로 활용되는데 상대방에게 특별한 일이 발생한 것 같은 느낌이 들 때 사용하는 표현법이다.
일상적인 만남의 인사 표현으로 What happened? / What's happening?처럼 사용할 수 있지만 어쨌든 공식적으로는 사용하지 않는 편이 좋을 것이다.

- What's the matter?
- What's wrong?
- What's going on?
- Is something bothering you?

36 You must be kidding.

설마! / 농담이죠!

상대방의 말이 도저히 믿기지 않을 때, 농담하는 듯한 인상을 받았을 때, 맞장구를 칠 때 등과 같이 다양한 상황에서 You're kidding me?(나한테 농담하는 거죠?)라고 활용되므로 반드시 익혀 두도록 하자.
가령, You're joking! / You're kidding! / That can't be! / Unbelievable! / Incredible! 따위와 같이 표현할 수도 있으며, 의구심을 나타낼 경우에는 약간 반문의 어기가 내포된 Really? / Are you joking? / Are you serious? / Do you mean it? / Are you sure? 등처럼 표현하면 된다.

- No kidding!
- You're joking!
- You've got to be kidding!
- You're pulling my leg!

37 I hope so.

그러길 바래요. / 그렇게 생각해.

흔히 기원을 나타내는 표현에 I wish …와 I hope …의 문형이 널리 활용되는데 여기서는 맞장구의 표현으로 〈바람〉을 나타내는 표현이다. 또한 긍정이나 동의를 나타내는 표현으로도 널리 활용된다.

- ▶ Hopefully!
- ▶ I think so.
- ▶ I believe so.
- ▶ I suppose so.

38 All right.

맞아요. / 좋아요. / 동의합니다.

상대방의 말에 〈찬성〉, 〈동의〉, 〈긍정〉 따위를 표하는 표현으로써 That's all right.과 동일한 표현이며, 또한 상황에 따라서는 That's correct. / That's true. 따위와 대용할 수도 있다.
관용표현으로 You're the boss! / All right already!라는 표현도 쓰이곤 하는데 다소 적극적인 뉘앙스가 담긴 표현법이다.

- ▶ I agree with you.
- ▶ That sounds good!
- ▶ I'm with you!

39 Doing okay?

근황은 어떠세요? / 잘 지내시죠?

원래는 You doing okay?라는 표현에서 주어를 생략한 것으로써 상대방의 근황을 묻는 대표적인 표현에는 How are you?가 있다.
관용적으로 친한 사이에는 What's up? / How's everything? / How goes it? 따위와 같은 informal한 표현을 활용해도 무방하다.

- ▶ How are you doing?
- ▶ How have you been?
- ▶ How's it going?
- ▶ What's going on?

40 As far as I know

내가 알고 있는 한 / 내가 아는 바로는

상대방의 의혹이 담긴 표현에 대한 응답으로써 부사인 "과연, 혹시"와 결부되어 있다면 〈긍정〉의 의사 표시인 I think so.(그러리라고 봐.)라는 응답을 할 수도 있을 것이다.
가령, 자신의 견해를 밝힐 경우에도 In my opinion…(저의 견해로는…) / In my humble opinion…(저의 소견으로는…)라는 표현으로 대체하여도 무방할 것이다.

- ▶ I think so.
- ▶ I hope so.
- ▶ As far as I can tell
- ▶ To the best of my knowledge

41 Drive safely.

운전 조심하세요. / 조심해서 운전하세요.

우리가 알고 있는 Listen carefully!(주의 깊게 들으세요.)처럼 〈동사 + 부사〉라는 문형을 활용하면 상대방에게 명령의 어투로 쓰인다.
가령 피곤한 상황일 경우에는 졸음운전의 염려가 있으므로 Behave carefully!라고 하면 "(운전) 조심해!"는 의미를 부여하는 일종의 주의를 부탁할 때 사용하는 표현법인데 '졸음운전을 하다'는 dozing off, nodding off라고 표현한다.

- Behave carefully.
- Drive carefully.
- No talking in driving a car.
- Don't go dozing off at the wheel.

42 I guess…

~라고 생각합니다.

긍정(Yes.)의 다소 애매한 응답으로써 가능성에 있어서 Maybe. / Perhaps.(아마도.)보다는 높으며, Possibly. / Probably.(아마도.)보다는 낮음을 느껴 보길 바란다.
원래 I guess…는 확실하게 단언하지 못하고 "그런 것 같다, 그럴 것이다"라는 추측을 나타내는 표현이다.
유사한 표현으로 It might be true. / It could be. 따위가 활용된다.

- I suppose… * I'spose…
- I expect… * I'spect…
- I suspect…

43 (It's) Time to go.

갈 시간이야. / 이제 가야 해.

구어체에서 주로 활용되는 표현으로써 "~할 시간이다, ~할 때이다"라는 문형으로 활용되며, 또한 작별할 때 나누는 표현으로도 널리 활용된다.
가령, 일상생활에서 Time to go sleep.(잘 시간이야.) / It's time to eat.(식사할 시간이야.) / It's time to get up.(기상할 시간이야.) 따위와 같은 표현을 익힌다면 얼마든지 응용할 수 있을 것이다.

- **Gotta go. * I've got to go now.**
- **I'd better go. * I'd better let you go.**
- **I must go now. * I have to go.**

44 Do you mind?

그만두시지요. / 괜찮을까요?

동사인 mind는 부정문, 의문문, 조건문 따위에 쓰일 경우에는 "싫어하다, …에 반대하다, 귀찮게 여기다"의 뜻으로 활용되며, 또한 독립적으로 Do you mind?라고 하면 "신경 쓰다, 염려하다, 걱정하다"의 의미로 쓰여진다.
물론 부정의 뜻으로 쓰일 때 응답의 표현에서는 yes, no의 응답에 유의하여 사용해야 하는데 가령, No, I don't.라고 하면 "좋습니다. / 괜찮습니다."라는 의미이며, Yes, I do.라고 하면 "안 됩니다."라는 뜻으로 활용된다.

- **Let's not.**
- **Hold it.**
- **Stop it.**
- **Cut it out. * Knock it off.**

45 Do you mind if …?

~해도 되겠습니까? / ~해도 괜찮습니까?

상대방에게 부탁을 하거나 양해를 구할 때 구어에서는 Do you mind if …?(직설법 현재)의 문형을 주로 활용하며, 다소 공손하게 표현할 경우에는 Would you mind ~?(가정법 과거)라는 문형이 쓰인다.

가령 Do you mind if I ask you a favor?(부탁을 드려도 되나요?), Do you mind if I smoke here?(여기서 담배 피워도 됩니까?), Do you mind if I use your phone?(전화를 사용해도 됩니까?), Would you mind if I parked here? 따위와 같이 표현한다.

- ▶ Would you mind …ing ~?
- ▶ Would you care for ~?
- ▶ Could you mind if ~?
- ▶ Is it all right if ~?

46 Excellent!

멋지다! / 훌륭하다! / 아주 좋다!

상대방의 말에 동의하거나 찬성할 때에도 활용되지만 맞장구를 칠 때, 이견이나 반론이 없을 때 따위와 같은 상황에서 활용된다.

또한 일반적으로 How are you?에 대한 인사 표현에 대한 응답으로 기분이 아주 좋을 경우에는 Pretty good! / Wonderful! / Marvellous!, 그냥 좋을 땐 Fine! / Okay!, 그저 그럴 경우에는 So-so! / Not too bad!라고 표현한다.

- ▶ Great! * Couldn't be better!
- ▶ Perfect!
- ▶ Fantastic!
- ▶ Super!

47 Have a good trip!

즐거운 여행되시길! / 잘 다녀오세요!

앞에서 배운 것처럼 여행이나 비즈니스로 해외로 떠날 때의 작별의 인사 표현으로 널리 활용된다. 형용사 good 대신에 well, nice, fun 따위를 사용해도 무방하다.
관용적으로 프랑스어에서 유래된 Bon voyage!라는 표현도 사용되고 있다.

- Have fun!
- Have a nice trip!
- Have a good vacation.
- I wish you a pleasant journey.

48 How about you?

당신은 어떻게 생각하세요? / 당신은 어때?

자신이 대답을 한 다음에 되묻는 표현으로써 상대방에게 의견이나 견해를 물을 때 활용되며, 또한 상대방에게 제안·권유할 때 What about ~? / How about ~? 따위가 사용되는데 이때 about은 전치사이므로 유의해야 한다.
이러한 표현을 대용할 수 있는 표현에는 Why don't you ~? / How do you like ~? / How do you feel ~? 따위와 같은 표현도 관용적으로 활용되고 있다.

- (Do you have) Any opinions?
- What about you?
- What do you say?
- What's your opinion?
- What's your viewpoint?

49 I just wanted to…

~하려고 생각 중이었어요 / ~하고 싶었어요

구어에서 주로 활용되는 only는 "단지, 한번, …만, …뿐"으로 사용되며, 또한 just는 "이제, 방금, 막, 곧; 그저, 잠깐"의 뜻으로 사용되며, 동사인 mean, want의 과거형과 결합하여 "…할 참이다, …을 고려하다"라는 의미로 자신의 계획, 구상, 예정 따위를 밝힐 때 활용된다.
여러분도 아시다시피 구어에서는 자신의 고려나 검토 사항인 경우에 I'll think about ~ / Let me think about ~ / I did mean ~ 등과 같은 표현을 활용한다.

- ▶ I'm just be going to ~
- ▶ I'm thinking of …ing ~
- ▶ I'll considering ~ ∗ I intend to ~

50 No problem.

괜찮아요! / 문제없어요. / 별 말씀을요. / 천만에요.

부탁·의뢰·제안을 받았을 때의 응하겠다는 답변으로써 "알았어요, 그렇고 말고요, 괜찮아요."이라는 의미로 활용되기도 하며, 또한 인사나 사죄의 응답으로는 "천만에요, 별말씀요."이라는 뜻으로 활용된다.
한편으로는 상대방의 염려나 걱정에 대하여 "Never mind.(염려 마세요.)"라는 안심시키는 표현으로도 사용되므로 상황에 따라 적절한 뉘앙스를 느껴 보길 바란다.

- ▶ Of course.
- ▶ Sure.
- ▶ All right.
- ▶ Don't worry. ∗ No sweat.

You can do it!

**10년해도 안되는
일상영어회화 첫걸음 끝장내기2(장면별)**

초판 1쇄 발행 2016년 7월 18일
초판 5쇄 발행 2023년 6월 5일

지은이 지나김
펴낸이 고정호
펴낸곳 베이직북스
주소 서울시 금천구 가산디지털1로 16, SK V1 AP타워 1221호
전화 02) 2678-0455
팩스 02) 2678-0454
이메일 basicbooks1@hanmail.net
홈페이지 www.basicbooks.co.kr
블로그 blog.naver.com/basicbooks_marketing
인스타그램 www.instagram.com/basicbooks_kidsfriends/
출판등록 제2021-000087호
ISBN 979-11-85160-31-3 14740

* 가격은 뒤표지에 있습니다.
* 잘못된 책이나 파본은 교환하여 드립니다.